쇠흙손의 노래

김경애 수필집

착한북스

프롤로그

제 책을 출판한다는 것은 밤하늘의 별처럼 동경의 대상이었습니다. 너무도 아스라해서 꿈도 꿀 수 없어 쌓여 있는 원고들은 언제나 제 맘속에 커다란 숙제였습니다. 어쩌면 저의 분신 같은 흔적들을 차마 그냥 없애버릴 수는 없어 쌓여 있는 글들을 모아보았습니다.

그런 제게 제 책을 낼 기회가 왔습니다. 부산문화재단의 지원이었습니다. 고맙습니다. 흔히들 책 출판을 새 생명의 출산에 비유하곤 합니다. 진부한 것 같기만 하던 그 비유가 어쩌면 그렇게도 들어맞는지요. 제 마음이 꼭 그랬습니다.

출판을 준비하며 다시 읽어본 원고들은 쓸 당시는 더러 괜찮다고 여긴 것도 있었던 것 같은데 지금 보니 어찌 다들 그렇게 미숙한지요. 부끄럽기만 합니다. 온전한 태아의 출산을 위해 태교부터 잘해야 했는데 미치지 못한 것 같아 두렵기만 합니다.

출판을 위하여 퇴고하는 내내 떠오른 분은 고 유병근 선생님이셨습니다. 생전의 선생님께선 저희 문하생들에게 수필에 관한 한 그 어떤 경우에도 당신의 존함을 언급하지 말라고 당부하셨는데 이제 감히 그렇게 해도 나무랄 수 없는 저세상의 분이 되셨습니다. 저는 첫 아이의 난산을 걱정하며 감히 이 책을 내게 되었습니다.

유병근 선생님, 마음으로 이 부족한 책을 선생님의 영전에 바치려고 합니다. 선생님, 마음속 깊이 사랑하고 감사드립니다. 고맙습니다.

2021. 10.

김경애

목차

1장

2장

3장

4장

1장

그 겨울

김장

두레박

연(鳶)날리기

표상

깔롱부리고 싶은 날

쇠흙손의 노래

가방의 추억

기명(器皿) 단상

분꽃 연가

운동회 풍경

종이사전

그 시절의 비밀번호

이사

그 겨울

뉴스에서 올해 들어 가장 추운 날씨라고 한다. 창밖을 내려다본다. 행인은 별로 없고 간혹 있어도 종종걸음친다. 아파트 오 층에서 내려다보는 거리 풍경은 바람도 얼었는지 말쑥한 정물 같다. 따스한 바닥에 볕이 잘든 거실엔 한겨울 느낌이 없다.

문득 유년의 겨울이 떠오른다. 내가 다녔던 초등학교는 이층 목조건물로 운동장을 내려다보며 한일자로 길게 자리 잡고 있었다. 있었던 것 같기도 하고 없었던 것 같기도 한 교문을 들어서면 짧은 오르막이 있었고 그 위에 네모반듯한 운동장이 있었고, 정면 축대 위에 교사가 있었다.

길쭉한 널빤지를 가로로, 위 널빤지가 바로 아래 널빤지를 조금씩 덮은 교실 외벽은 빈틈없이 콜타르가 칠해져 있었다.

겨울이 되면 아이들은 검은 윤기가 반지르르한 콜타르 벽에 다닥다닥 붙어 서서 해바라기를 했다. 수업을 마치는 종소리가 들리면 우르르 나무계단을 내려가는 아이들로 복도는 꽉 찼다. 청소 시간에 몽당 양초로 열심히 닦아놓은 계단 난간은 기성을 지르며 미끄럼 타는 개구쟁이들로 몸살을 하면서도 더욱 반질반질해져 갔다.

볕 바른 자리를 먼저 차지하려고 아이들은 단거리 육상 선수처럼 복도를 뛰었다. 선생님은 조회 때마다 복도를 다닐 땐 뒤꿈치를 들고 조용히 다니라고 주의를 주었건만 그 순간만큼은 다들 까맣게 잊었다. 옷이며 신발이며 어느 것 하나 넉넉지 않던 시절 콜타르 칠한 판자벽은 천혜의 난방장치였다. 햇빛을 꼭꼭 여몄다가 아이들을 맞은 벽은 어머니의 품속처럼 아이들의 등을 따사롭게 데워주었다. 짧은 쉬는 시간에도 여자아이들은 무슨 얘기가 그렇게도 많은지 동무랑 정답게 얘기했고, 남자아이들은 짓궂은 장난을 치곤 했다.

이제 콜타르를 칠한 널빤지 벽 교사도 없고 아이들도 굳이 양지쪽을 찾지도 않는다. 지구의 온난화로 한겨울에도 기온이 예전처럼 내려가지도 않고 기능 좋은 옷들과 영양이 풍부한 음식들로 예전처럼 추위에 떨지 않아도 된다. 단열과 보온이 잘 된 교실엔 난방시설까지 있어 햇빛 바라기를 하러 나갈 필요조차 없다.

뉴스에선 연신 몇십 년 만의 맹추위라고 방송하고 있

다. 무심코 창밖을 보고 있으려니 국민 대부분이 가난했던 시절이 생각나고 다닥다닥 붙어 앞으로는 햇볕을 등으로는 콜타르 벽의 온기를 즐기던 유년이 신기루마냥 떠오른다. 순면처럼 소박하고, 정겨운 시절이었다.

김장

주인집 김장은 주인아주머니, 딸, 아주머니의 언니, 언니의 시모, 작은방에 세든 나, 건넌방 새댁과 이웃 아주머니까지 동원되었다. 안방에 양념감을 가운데 두고 마주 앉아서 밤이 이슥하도록 고추 꼭지를 따고 마늘을 깠다. 양념 준비를 하면서 주인아주머니와 아주머니의 언니는 연신 우스개를 하여 우리를 즐겁게 했다.

합천 어디가 고향이라는 주인아주머니는 '우리 부친은요 내가 몹시 아파서 방에 누워 있으면 일을 안 해서 아프다며 지게 작대기로 때려서 밖으로 내쫓았어요. 어떻게 하기는요, 도망쳐 뒷등에 기대어 있다가 부친이 쫓아올까 봐 겁이 나서 아파도 일을 했지요.' 언니와 더불어 가난했던 추억을 회상하는 아주머니의 웃음 속에 쓸쓸함 같은 것이 어려 있는 듯했다. 우리는 코끝이 시큰하면서도 데굴데굴 구르듯 웃었다. 눈물겨운 가난도 추억 속에 웃음바다가 되었다.

어떻게 담그면 김치가 더 맛있는지, 어디 가면 무엇이 더 싼지, 아기는 어떻게 키워야 하는지 등 온갖 살아가는 이야기가 웃음 속에 펼쳐졌다. 삶이란 무궁무진한 것이어서 한 이야기가 끝나면 다음 이야기가 꼬리를 물었다. 밤이 깊어갈수록 이웃 간의 정도 깊어 갔고 아주머니 언니의 과묵한 시모까지도 친해질 수 있을 것 같았다.

절약이란 말도 사치 같던 주인집의 김장 양은 참으로 엄청났다. 웃으며 겨울철 반찬 김치면 됐지요 하던 너무 간단하여 잠시 마음이 아연하던 주인아주머니의 말이 잊히지 않는다. 열 포기 이하의 김장을 하는 집이 드물지 않은 세태를 보며 아주머니는 자신이 살아온 세월이 믿어지기나 할까.

부친의 딸에 대한 차별을 잊지 못하던 아주머니는 고명딸을 초등학교만 마치고 공장에 보냈다. 여자의 학력은 초등학교 졸업이면 족하다는 아주머니의 지론은 겨울철 반찬 김치면 됐지요 하던 것만큼이나 단호했다. 그 시절 살림살이의 평균치를 웃돌던 주인댁은 안방이나 마루에 부업거리가 떨어지는 날이 없었다. 어쩌다 마루가 빌 때는 다 된 것을 갖다주고 새 일거리를 받으러 갈 때뿐이었다. 딸은 퇴근하면 곧장 귀가하여 네 명이나 되는 남동생들을 돌보고 집안일을 거들었다. 훗날 그 딸도 지난날을 회상하며 '우리 엄마는요……' 하고 딸 차별을 당연시하던 아주머니를 무슨 소극처럼 이야기할는지 모른다. 얼굴은 웃지만, 눈은 젖은 채.

한데라고는 없는 공동주택은 절일 그릇이 옹색해서 그렇지, 추위 걱정은 안 해도 된다. 주택 시절 여름에 집에서 아이를 목욕시키던 커다란 타원형 고무통은 김장 배추 절이기에 안성맞춤이었다. 부엌에서 수돗가로 장독대로 종종걸음을 치다 보면 허리와 손발이 시리던 일은 이제 옛이야기가 되었다. 밭에서부터 미리 겉잎을 떼어버린 배추는 손이 많이 갈 것도 없다. 배추 이파리 한 잎도 버리기를 주저하던 시절엔 배추 밑동에 흙이 잔뜩 끼어 있어 손길이 많이 갔었다.

김장이 끝나고 나면 어머니의 손은 고춧가루 물이 들어 발갛고 짜고 맵고 아린 양념으로 낱낱이 터 있었다. 어머니는 손이 너무 아려 더운물에 담그기조차 힘들어 하셨다.

만약 누가 살아가면서 생활에 가장 큰 도움을 준 물건이 무엇이라고 생각하느냐고 묻는다면 나는 고무장갑과 털신이라고 말할 것 같다. 옆집 아주머니가 일제라며 분홍색 고무장갑을 처음 보여줬을 때 나는 어떻게 이런 고마운 것을 만들 생각을 다 했을까 싶었다. 지금도 고무장갑을 보면 가정에서 작업장에서 힘든 일을 하는 사람을 배려한 따뜻한 마음이 느껴진다.

신 안쪽에 융 같은 질감의 천을 대고 발을 넣는 가장자리에는 털을 붙인 두꺼운 재질의 털신, 아무리 격상시킨다고 해도 작업화 이상일 수 없는 그 투박한 신은 얇은 고무신으로 해서 겨울이면 동상을 달고 살던 시절에 꿈같은 신발이었다. 생활의 불편을 놓치지 않는 착한 마음이 담겨 있어 그 신발이 더욱 따뜻하게 느껴졌는지도 모른다.

웅숭깊은 겨울 햇살과 찬바람과 숨 쉬는 옹기가 익힌 김장김치. 찬 바람이 쌩쌩 부는 겨울 아침 외투로 중무장하고 장독에 나가 김칫독을 열고 한참이나 되는 우거지를 걷고 조심스레 김치를 꺼내면 발갛게 물들어가는 싱그러운 김치에선 눈 냄새 같기도 하고 두메산골 같기도 한 냄새가 났다.

겨울바람이 아이들을 담금질하러 밖으로 불러낸 텅 빈 집. 고즈넉한 한낮 커다란 간장독에 기대앉아 말간 하늘을 우러르면 푸른 물감에 새하얀 구름 한 덩이를 넣고 원심분리기로 휘저어놓은 것 같은 고운 하늘이 잔잔한 미소를 머금고 내려다보고 있었다. 한겨울이라도 볕 바른 장독대에 기대면 커다란 독들은 태양열을 받아 따뜻하고 아늑했다. 가만히 보고 있노라면 독의 표면에서 모락모락 아지랑이 같은 것이 피어올랐다. 소금독에는 간수가 빠진 하얀 소금이 보송보송했고, 여름내 땡볕에 달아 겉면이 바싹 말라 있던 고추장은 지난번에 부어놓은 메주콩 삶은 물을 흠뻑 빨아들여 단내와 함께 반지르르 윤기가 돌았다.

배추는 산지에서 절여 오고, 절구에 힘써 찧던 마늘은 기계에 갈아 오고 김치냉장고가 저장을 해결해 주지만 김장은 여전히 한 해의 큰 행사이다. 겨울에 접어들면 숙제처럼 김장이 찾아온다. 김장하고 났을 때의 그 해방감이란 잘 익은 동치미 맛처럼 시원하다.

꿀벌처럼 개미처럼 분주하던 노동의 즐거움도, 큰일을 해냈을 때마다 뿌듯하던 기쁨도 하나씩 하나씩 옛이야기가 되어가는 것 같다.

두레박

설날, 백모님께 세배를 드리고 또 조카들의 세배를 받고 무성한 덕담이 오고 간 뒤 집주인인 사촌 시동생이 화투 놀이를 재촉한다. 재촉하는 품이 여느 때와 사뭇 다르다. 화투 놀이가 익어 갈 즈음 다른 지역에 사는 시동생 가족이 도착하고, 시누이들도 친정어머니께 세배 차 가족을 동반하고 잇달아 도착한다. 세배와 덕담이 오간 후 어른들은 안방 화투판에 둘러앉는다. 자연스레 거실은 아이들의 공간, 안방은 어른들의 공간이 된다.

더러 훈수도 하고 더러 변죽도 울린다. 즐겁고 유쾌한 웃음소리와 그 자리에서 바로 잊어버릴 온갖 재담이 난무한다. 화기애애한 혈육 간의 짙은 연대감이 질화로 속 불씨처럼 은은히 피어오른다. 집주인이 연전연승하는 모양이다.

"하이고, 오늘은 밥값, 술값이 좀 빠질라나."

"이 사람, 손님 앉혀놓고 남의 지갑 다 털어가네."

하는 농이 그치지 않는다.

상승세인 시동생이 연방 내 쪽으로 고개를 돌리며 지난 추석, 그 앞 설날, 지지난 추석에 형님께 저축해 둔 것 이제 겨우 조금 찾아간다고 우스개를 한다.

점수 계산에는 온갖 방법이 다 개발되어 있는 화투놀이에 왜 제한 시간은 없을까. 판이 무르익어 분위기가 자정을 넘어갈 조짐이 보이면 나는 안주인 동서에게만 살짝 귀띔을 하고 먼저 귀가한다.

화투를 칠 줄 모르면 간첩이라는 말도 있고, 좋은 시어머니가 되려면 화투를 칠 줄 알아야 한다는 세태 풍자도 있다. 화투 망국론도 있고 건전한 스트레스 해소책이라는 옹호론도 있다.

화투를 오락으로 즐기던 친척 언니는 "우리가 생전 남의 말을 할까, 적은 돈으로 실컷 놀고, 끝나면 다 돌려주고, 점수 날 때마다 떼어 놓은 개평으로 맛있는 것 사 먹고. 적은 비용으로 이보다 더 즐겁게 놀 수 있는 놀이가 어디 있겠느냐"라며 화투 예찬론을 폈었다.

돌려줄 것인 줄 뻔히 알면서도 치는 순간만큼은 진짜로 따고 싶은 싸릿한 긴장감과 그 작은 딱지를 힘껏 내리칠 때의 쾌감, 언니는 팔이 아파 살살 친 날은 화투 치는 맛이 영 안 나더라며 콧등에 잔주름을 지으며 개구쟁이처럼 웃었다.

인간에겐 본능적으로 승부에서 이기고 싶은 심리가 있는 것 같다. 이 심리가 새 기록, 새로운 연구에 도전하게 하고 또 나쁜 길로 빠져들게도 한다. 화투가 놀이가 되건, 노름이 되건 순전히 자신의 몫이다.

"막내야 우리도 화투 놀이 한번 해 볼래."

현관을 들어서는 막내에게 나도 모르게 불쑥 나온 말이다. 정말이냐고 칠 줄 아느냐며 놀라는 막내에게 "알고말고. 그것도 모를까 봐. 같은 그림끼리 맞추면 되지" 한다. 그런 민화투는 재미없고 이 기회에 고스톱을 배워 보시라며 형과 누나를 부른다.

몇 번 설명하더니 재미있게 배우려면 내기를 해야 한다고 한다. 자고로 승부엔 상금이 걸려야 한다고. 딸애가 진 사람에게 심부름을 시키자고 하자, 막내가 엄마가 지면 감히 심부름을 시킬 수 없을 것이므로 안 된다고 한다.

첫째는 일부러 못하는 척한 것 아니냐고, 엄마가 너무 잘해서 저희 용돈이 줄어든다고 엄살을 떨고 나는 딴 것 모아서 이웃 돕기 성금을 내자고 받는다. 막내는 먼 데서 불우이웃을 찾지 말고 가까운 데서 찾아달라고 익살을 떤다.

친척들이 모이면 곧잘 벌어지던 화투 놀이. 더러는 유명을 달리했고 생존해 있어도 이제는 아무도 화투를 즐기는 것 같지 않다. 돌이켜보면 화투도 장년 한때의 놀이였던 듯하다.

불현듯 꺾으면 속에서 횟가루 같은 것이 흐르던 조악한 화투를 가지고 막내 이모와 이웃 언니들 틈에 끼어 민화투를 놀던 기억이 아슴푸레 떠오른다. 검지와 중지를 꼭 붙여서 진 사람의 손을 잡고 손목을 슬쩍 때리는 시늉만 하다가 실수로 그 손가락에 조금이라도 힘이 실리게 되면 무언의 신사협정은 삽시간에 깨어지곤 했다. 차돌 같은 줄 알았던 신사협정이 어찌 그리 살얼음판보다 얇던지. 의좋게 서로 패를 보여주고, 가르쳐줘 가며 하던 놀이에 갑자기 열이 오르고 서로 콧김을 불어가며 설욕의 기회를 벼르곤 했었다. 엄지와 중지의 끝을 모아, 진 사람의 이마를 퉁기는 벌칙은 손가락 시위를 너무 세게 날려 눈물이 찔끔 나기도 했다. 놀이가 끝나면 발갛게 된 손목을 찬물에 담그고 마주 보며 또 얼마나 웃었던가.

이모야, 언니야 살살 응응하며 애소하던 내 소리가

들리는 것 같고, 백열전구의 노란 불빛마저도 아련한 그리움으로 떠오른다. 잊었다는 것조차 잊고 있었던 이름들. 가슴속에 그리움이 흥건히 괸다. 화투는 그리움을 길어 올리는 정겨운 두레박 같다.

연(鳶)날리기

해운대 백사장 상공에 연들이 떠 있다. 아, 눈썹연이 치고 올라가네요. 귀머리연도 만만치 않습니다. 정월대보름 연날리기 대회, 사회자가 밋밋한 연날리기 대회의 흥을 돋우려고 일부러 '연'을 '년'으로 코믹하게 발음하며 강세를 붙인다.

선수가 어떻고 작품이 어떻고 하는 사회자의 해설에 생각은 저절로 유년으로 거슬러 올라간다. 아이들은 스스로 대나무를 구하고 다듬어서 연살을 만들었다. 부엌칼, 과도, 연필 깎는 칼 등 집안의 칼이란 칼은 죄다 동원하여 번갈아 쓰고 사포로 조심스레 문지르는 손길은 전문가가 따로 없었다. 머릿달, 꽁숫달, 허릿달, 귓달 2개. 연살 준비가 끝나면 활벌이줄 매기가 어린 연 제작자의 첫 번째 고민이었다. 어떻게 매어야 연이 처지거나 한쪽으로 기울지 않고 가볍게 떠서 멀리멀리 날 수 있을까. 이쪽 귀에서 대어 보고 저쪽 귀에서 내어보며 연줄 매기에 열중일 때 아이들은 하나같이 골똘한 수학자요 생각 깊은 제작자 같았다.

얼레는 대개 큰형이나 삼촌, 아버지들이 만들어 주었다. 네모, 육모, 드물게는 팔모얼레도 있었다. 얼레를 만드는 이들의 얼굴엔 유년기에 대한 향수와 자랑이 배어 있는 듯했다. 완성되어 가는 얼레를 두 손으로 맞잡고 감기와 풀기를 되풀이해보며 부족하고 넘치는 부분을 가늠하는 손길엔 사랑과 정성이 가득했다. 엄마, 이 실 연실 해도 돼요. 엄마의 기색을 살피며 조심스레 묻는 아이에게 엄마는 기다렸다는 듯 아이가 마음속으로 탐을 내면서도 차마 달라고 하지 못한 더 좋은 실을 선뜻 내주기도 했다. 엄마는 연을 만들면서부터 몰래 반짇고리를 훔쳐보며 어느 실을 달라고 해야 쉽게 허락받을지를 고민한 아이의 마음을 훤히 꿰뚫고 있었다. 감격에 겨운 아이는 허락받은 실 꾸러미를 보물처럼 간수해 놓고 사금파리를 주우러 대문을 나섰다. 예비 연 날릴 주자 동생도 신이 나서 따라나섰다. 길 위의 사금파리는 작은 조각 하나라도 놓치지 않겠다는 듯 처음부터 허리를 구부린 아이의 눈동자도 햇빛에 반짝이는 사금파리처럼 빛났다. 주워온 사금파리를 곱게 갈아 넣고 밀가루 풀을 끓이면 또래들이 연탄 화덕 가에 빙 둘러섰다. 경험이 있거나 사금파리 풀 끓이는 형 옆에서 지켜본 적이 있는 아이는 풀이 조금 된 것 같다느니 화덕 구멍을 막을 때라느니 하고 조언했다. 그 구경이 처음인 아이들은 자기들이 끓일 때를 대비하여 한순간도 놓치지 않겠다는 듯 진지했다. 화덕 가는 마치 사금파리 풀 끓이는 학습장 같았다. 마당 이 끝에서 저 끝까지 갔다 왔다 하며 풀뜸 올린 실을 걸었다. 자칫 살을 베기 쉬운 작업이어서 아이들도 여간 조심하지 않았다.

바람이 좋은 날 아이들은 연을 챙겨 동네에서 가장 높은 증산 왜성으로 향했다. 성벽 따라 알맞은 간격으로 늘어서서 연 날리는 광경은 장관이었다. 의젓한 방패연 틈에 가끔 가오리연도 있었다. 파란 하늘에 가오리연 긴 꼬리가 햇빛을 반사하며 펄럭이면 마치 날쌘 장어가 물속을 힘차게 유영하는 것 같았다. 드높은 하늘, 맑은 햇빛, 유유히 흐르며 변모하는 구름, 때로는 부드럽게 때로는 세게 부는 바람에 맞추어 연을 날리며 아이들은 심신이 더욱 지혜로워지고 강건해졌다.

중국 연 전시회를 관람한 적이 있었다. 반듯한 방패연과 단순한 가오리연만 보아온 내게 그 전시회는 충격이었다. 지네발, 사동치마, 허리동이, 쌍무지개연 등 우리나라 연은 방패연의 기본형에 색깔, 무늬 등을 다르게 했거나 꼬리를 달았을 뿐이었는데 중국 연은 달랐다. 땅이 넓어서인지 전시용이어선지 크기부터 엄청나게 컸다. 『장자』에 나오는 구만리 상공을 날았다는 대붕을 연상케 하는 엄청나게 큰 연도 있었다. 모양 또한 매, 나비 등 다양했다. 만화 캐릭터 같은 용경어(龍景魚)연 앞에 오래 서 있었다. 커다란 금붕어 눈, 아름다운 비늘, 늘씬한 허리, 화려한 리본 꼬리 등 상상의 물고기 용경어가 아무리 보아도 대칭이 아닌 듯해서였다. 긴 꼬리 속에 대칭의 비밀이 숨어 있는 모양이었다. 여백이라고는 없는 빛깔 또한 현란하기 그지없었다. 그 이질적인 문화는 거대한 공룡을 연상케 했다.

연은 기원전 4세기경에 그리스 사람이 처음 만들었다고 한다. 동양에선 기원전 200년경 중국 한나라 때 한신 장군이 군사용으로 사용한 것이 최초라고 한다. 우리나라에선 647년, 선덕여왕 마지막 해에 김유신 장군이 연을 날려 동요하는 민심을 돌렸다고 한다. 월성에 별이 떨어지는 것을 보고 여왕을 폐위시키려는 음모에 한밤중 허수아비를 연에 매달아 불을 붙여 날려 마치 불덩이가 하늘로 솟아오르는 것처럼 꾸며 떨어졌던 별이 다시 하늘로 돌아갔다고 하여 민심을 붙잡았다고 한다.

아파트 단지 사이로 떠오를 땐 미미하던 달이 어느새 머리 위에서 휘영청 밝다. 달의 정감은 예나 다름이 없다. '대보름 연날리기 대회'도 대단원의 막을 내렸다. 오늘만큼은 가족 간에 연 이야기로 이야기꽃을 피웠으면 좋겠다. 오랜만에 당신들의 유년을 반추하는 어버이들의 음성엔 윤기가 흐를 것이고, 당신의 연이 가장 높이 날았다는 아빠의 무용담에 아이도 덩달아 신이 날 것이다.

연, 만들기에서 날리기까지 훌륭한 학습이고 스포츠일 것 같다. 초등학교 학습 과정에서부터 연을 만들고 야외에 나가 연날리기를 하면 아이들의 호연지기가 쑥쑥 자랄 것 같다.

표상(表象)

뭔가를 찾느라고 책상 서랍을 열었다. 아이들의 책상이다. 서랍 속에는 아들의 군번도 있고 제도기도 있고 하모니카도 있다. 영어 단어장도 있고 각종 문방구도 있다. 그 속에 이름을 새기지 않은 까만 플라스틱 도장도 있다. 아이들이 고등학교를 졸업할 때 학교에서 졸업 기념으로 준 것이다. 그들이 사회의 일원이 되어 도장이 필요하게 될 때 거기에 이름을 새기라는 뜻일 것이다.

내 책상 서랍에도 열면 바로 눈에 띄는 자리에 내 도장이 들어있었다. 연노랑 플라스틱 재질에 목선이 갸름하고 얼굴이 동그란 예쁜 도장은 멋쟁이 모자까지 쓰고 앞부분 아래쪽 정중앙에 인도 여인처럼 빨간 점까지 찍혀 있었다.

졸업이 가까워질 무렵이었을 것이다. 담임선생님께서 각자의 이름을 한글과 한자로 정확하게 적어내라고 하셨다. 몇몇 급우에겐 집에서 쓰는 이름과 호적상의 이름을 확인하시는 것 같았다.

졸업식 날 선생님은 선물이라며 우리들의 이름이 새겨진 도장을 한 사람 한 사람 호명하며 나누어 주셨다. 그간의 학교생활을 지켜보시며 마음에 담아두었던 말씀도 함께해 주셨다. 도장을 건네시던 선생님의 모습은 숙연하셨는데 졸업이 갖는 부산함과 갑자기 익숙지 않은 물건의 주인이 된 우리는 미처 선생님의 마음을 헤아릴 겨를이 없었다.

처음으로 찍어본 내 이름 석 자. 도장을 찍는 의미를 알지는 못했지만 뭔가 격상되는 느낌이었다. 도장의 글씨는 선생님의 정성이 그대로 담긴 듯 지폐에 있는 한국은행총재의 인 만큼이나 바르고 더 예뻤다. 교실 안은 제 이름을 찍어보고 감탄하는 소리와 제 도장을 찍어주고 친구의 도장을 받는 흥분으로 들썩였다.

선생님께선 도장을 찍은 이후부터는 순전히 찍은 사람의 책임이 되므로 찍기 전에 신중할 것을 거듭 당부하셨다. 대부분 제자를 상급 학교보다 직업 전선으로 내보내야 했던 선생님의 마음은 꼭 철부지들을 물가에 내보내는 어버이의 심정 같았던 듯하다.

텔레비전 연속 사극 「용의 눈물」에서 조선왕조 셋째 임금 태종이 부왕 태조로부터 어보를 물려받는 장면에서였다. 나는 마음을 가다듬고 자세를 바로 하고 목을 화면 쪽으로 쑥 내밀었다. 어보의 위의가 얼마나 대단한지 보고 싶었다. 그 순간을 위해 태종은 얼마나 많은 피를 보았고 노심초사했던가. 전회의 예고에서부터 벼르던 참이었다. 화면은 순식간에 지나가 버렸다.

왕의 지시에 의해 제작된 왕의 도장이지만 문서에 찍음으로써 왕의 약속이 되는 어보. 임금의 도장이든 필부의 도장이든 그 역할은 같다.

정년을 맞은 남편이 사무실에서 가져온 사물 속에 작은 까만 도장집이 있었다. 물건도 한 사람과 오랜 시간을 같이하면 그 사람과 교감하는 것일까. 그 도장집은 왠지 낯이 익은 듯했고 촉감이 따스하고 편안했다. 가장자리가 곱게 닳은 가죽 도장집 속에는 길쭉한 도장과 가느다란 작은 도장이 들어있었다. 둘 다 검은색이었는데 도장집만큼이나 도장도 닳아 있었다. 순간 뭉클했다. 이렇게 닳도록 도장을 찍었을 때는 그에 따른 책임도 컸을 것이다. 정년이란 역까지 오기까지 도중에서 하차하고 싶었을 때도 있었을 것이고 괴롭고 힘든 시간도 많았을 것이다. 도장 속에 남편의 사회생활 역사가 고스란히 녹아있는 듯하여 콧등이 시큰했다.

가끔 남편의 책상 서랍 속에서 집으로 돌아오던 날 그대로의 도장집을 본다. 지퍼를 열면 하나는 길고 하나는 짧은 까만 도장 두 개가 나란히 누워있다. 둘이서 분주했던 지난날을 반추하며 도란도란 옛이야기를 하다 어, 누가 왔네 하며 반기는 것 같다.

예전에는 '도장'이라고 쓴 간판을 흔히 볼 수 있었다. 넓은 상점의 한 귀퉁이나 앞면이 아주 좁은 작은 점포, 또는 노상에 삼각 입간판이 덩그렇게 놓여있기도 했다. 입간판 따라 시선을 옮기면 길 한쪽에 도장을 새기는 작은 작업대를 앞에 한 아저씨가 무료히 앉아 오가는 사람들을 무심히 바라보는 모습이 눈에 들어오기도 했다.

도장포 찾기가 쉽지 않다. 예전 사람들은 도장을 잘 잃어버렸고 요즈음 사람들은 그렇지 않은 것일까. 열쇠 대신 비밀번호를 쓰는 현관문이 대세이듯 도장 대신 서명이 대세가 되어가는 것일까.

보이스피싱에 사기당하지 않는 방법을 방송한다. 꾀어들지 말아야지 다짐하면서도 도장을 찍지 않고도 사건에 말려드는 세태가 살얼음을 밟고 있는 듯하다.

도장하면 제자를 진심으로 사랑하고 걱정하셨던 담임선생님 생각이 난다. 갸름한 목선에 동그란 얼굴, 앞쪽 한복판에 빨간 점이 찍혔던 연노랑 플라스틱 재질에 같은 색깔의 모자를 썼던 멋쟁이 도장도 생각난다. 지폐에 있는 한국은행총재의 인 글자보다 바르고 예쁘던 도장의 글씨도 떠오른다.

도장은 내게 그리움이고 참 스승의 표상이다.

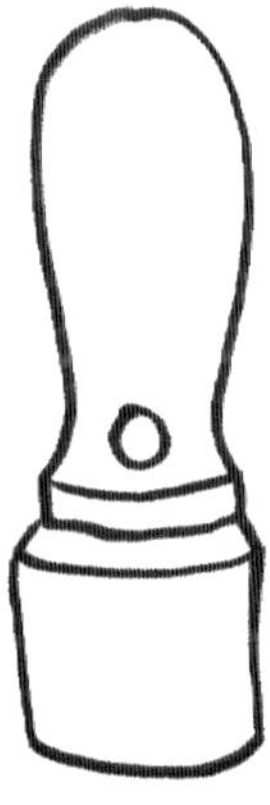

깔롱부리고 싶은 날

'백두대간'이니 '백령도'니 하는 소리가 귀에 쏙 들어온다. 간간이 터트리는 웃음소리가 수다에 흥미를 더하는 것 같다. 이 염천에 정말 근사한 곳엘 다 다녀왔구나 하는 부러운 마음에 귀를 한껏 그쪽으로 열어 놓는다.

바로 산 밑이어선지 내내 기승을 부리던 더위도 한풀 꺾이는지 대학 운동장은 여름밤답지 않게 바람도 시원하고 달빛 또한 능청스럽도록 음전하다. 내가 도착했을 땐 서로 부딪칠 듯 많던 사람들도 거의 다 돌아가고 나처럼 늦게 온 이들만 남았는지 넓은 운동장엔 한창 이야기에 열중해 있는 그들 외엔 사람이 뜸하다. 계획한 운동량을 채우고 가을 달처럼 휘영청 한 달빛과 승학산 골짜기를 스쳐 온 청량한 바람결이 좋아 쉬이 돌아가지 못하고 덤으로 운동장을 돌던 중이다.

차마 남의 대화에 끼지는 못하고 다음 여행지가 궁금하여 그들의 보소에 맞추어 걷고 있는데 "농기월령가에서 만나서 생맥주를 어쩌고……" 한다. 처음엔 어리둥절하다가 그만 실소를 금치 못한다. 지명인 줄 알았던 것들이 이 학교 주변에 있는 술집 이름들인 모양이다. 하긴 '백두대간'과 '백령도'가 조금 이상하다 싶긴 했다.

남북한이 상극인 상황에도 우리의 가슴속에 변함없이 우뚝한 '백두산' 줄기, 지정학적으로 주로 군사 문제나 특별한 기상 상황 등 대개 무거운 주제로만 거명되어온 섬 '백령도', 교과서에 실려 곧잘 시험문제에 출제되는 영광을 누리는 가사체(歌辭體) 노래 '농가월령가(農家月令歌)'. 그 중후한 이름들이 희한하게도 품격을 떨어뜨리지 않고 술집의 상호로도 썩 잘 어울린다. 맨 처음 이 절묘한 착상을 한 이는 누구일까. 어떤 일을 하는 사람일까. 참으로 근사한 작명이 아닐 수 없다.

그 술집 안에는 투박한 원목 탁자들이 놓여있을 것 같고, 백두대간의 정기를 이어받은 심신이 건장한 젊은이들이 삼삼오오 둘러앉아 인생을 이야기하고 있을 것 같고, 수더분한 이웃들이 성실한 일과를 끝내고 하루를 감사하는 술잔을 부딪치고 있을 것 같다.

운동장을 내려오며 새삼스레 도로 좌우의 간판들을 눈여겨본다. '백두대간'에서 시작하여 '백령도'를 거쳐 '농가월령가'에서 끝낸 그들의 주점 순례가 그럴듯하다.

재미있는 상호 하면 단박에 떠오르는 이름이 있다.

보훈병원 뒤쪽에서 시작하여 백양산 능선을 타고 구포 시장 쪽으로 하산할 때였다. 산길도 끝나고 엔간히 무거워진 발길로 무덤덤하게 아스팔트 위를 걷던 중이었다. 한 커다란 간판이 시야에 확 들어왔다. '깔롱부리고 싶은 날', 글씨가 내용에 어울리는 반흘림체였다. 그 옆 영문 표기 'Hair Clinic Center'는 각 낱말의 첫 글자만 대문자였다. 다이어트한 듯 늘씬한 획과 시원한 띄어쓰기는 'H' 자만 아니면 필기체 같은 느낌의 인쇄체였다. '깔롱부리고…….' 밑에 쓴 한자 美容室(미용실)은 또박또박한 해서체였다. 깔롱 부리고 싶은 들뜬 기분을 어느 정도에선 붙잡아야 한다는 의미 같았다.

변두리 미용실 간판이 세계에서 가장 우수한 문자와 세계에서 가장 많은 나라가 쓰는 문자와 세계에서 가장 많은 인구가 쓰는 문자를 모아 하얀 바탕에 검정 글자로만 디자인되어 있었다. 그 단순함이 더 눈길을 끌었다. 예사로운 착상이 아니었다. 주인의 미적 감각이 대단한 것 같았다.

'깔롱'하면 떠오르는 추억이 있다. "아유, 지 깔롱 부린 것 좀 봐!" 하고 한 급우가 소리치며 쌀알이 튀밥으로 변하는 순간처럼 웃음보를 터트렸다. 수업 준비를 하거나, 또는 토요일 방과 후와 일요일에 있었던 일들을 짝과 소곤거리고 있던 우리는 일제히 웃음의 원인 쪽을 쳐다보았다. 평소에도 모양내기에 관심이 많은 한 급우가 그날따라 파격적인 깻잎 모양 머리를 기름이라도 바른 듯 이마에 착 붙이고 기척 없이 제자리로 들어가려다 그만 앞의 급우 눈에 띄어 순간 포착 사진처럼 교실 출입문에서 엉거주춤 서 있었다. 홍조가 빠르게 그의 얼굴에서 목 언저리로 번지고 있었다. 교실 안은 순식간에 사춘기 소녀들의 웃음바다가 되었다. 어찌 들으면 비하하는 것 같은 '깔롱 부린'을 대놓고 말해 우리는 거리낌 없이 그 급우의 모양내기를 웃을 수 있었다. 웃은 것이 미안하여 슬며시 그의 자리 쪽을 보니 난감하여 고개를 푹 숙이고 있을 줄 알았던 애교머리 급우 또한 우리들의 홍소에 마음의 부담을 덜었는지 제 짝과 소곤대고 있었다. 상그레 웃고 있는 얼굴엔 홍조가 서서히 옅어지고 있었다. 그때도 '깔롱'은 예사로 쓰는 말은 아니었지만, 그 민망한 상황을 스스럼없게 해준 재치 있는 표현이었다.

꿈 많던 여고 시절의 어느 아침 기억이 이토록 선명한 것은 팝콘처럼 웃던 급우의 무구함 때문일 것이다.

순간적으로 상대방을 무안하게 하긴 했지만 흉보지 않은 그의 소박함은 연륜이 쌓여도 때 묻지 않은 그대로여서 소식이 뜸해도 항상 내 마음속 소중한 추억의 한 부분으로 남아 있다.

'깔롱'도 재미있지만 나는 '부리고 싶은'의 '싶은'이 더 재미있었다. 살다 보면 누구에게나 '깔롱부리고 싶은 날'이 있을 것이다. 그날이 그날 같은 무덤덤한 일상 속에서 왠지 설레고, 모양내고 싶고, 일탈을 꿈꾸고 싶은 날이 있다. 그런 날은 '깔롱부리고 싶은 날'에 들러 한껏 멋을 내고 마음 맞는 친구를 불러내어 추억의 장소에 찾아가 보자. 생활의 활력소가 되고 윤활유가 될 것이다.

그 간판을 읽은 것만으로도 한결 피로가 가시고 다리가 가벼워졌다. 길을 가다 재미있는 간판을 만나면 그렇게 유쾌할 수가 없다. 재치 있는 간판은 무미건조한 도시의 청량제 같다.

쇠흙손의 노래

시골 외가의 넓은 부엌에는 검은 윤이 자르르한 커다란 가마솥 두 개가 걸려 있었다. 하나는 크고, 하나는 그보다 조금 작은 가마솥 두 개를 품고도 시멘트 부뚜막은 넉넉했다. 부뚜막은 외할머니 외숙모 두 분께서 얼마나 정성 들여 닦으셨는지 대리석보다 매끈하고 투명하여 얼굴이라도 비칠 것 같았다. 그 옛날 동경(銅鏡)이 이랬을까 싶던 부뚜막은 오랜 세월 아궁이의 불김이 입혀져 마치 마블링을 한 듯한 무늬가 어리고 빛깔 또한 옅은 갈색을 띠고 있었다.

문득 어릴 적 집 부엌을 만들었던 미장, 김 씨 아저씨 생각이 났다. 도시의 여염집 옹색한 부엌을 만들면서도 국보급 건축물을 짓듯 정성을 다하시던 분. 내 눈엔 완성된 듯해 보이는 부뚜막 표면에 다시 마른 시멘트 가루를 아주 얇게 골고루 뿌리고는, 미장 솔 끝을 물에 적셨다 훑었다 하며 솔이 머금은 물기의 정도를 가늠하셨다. 그러고는 가루 위에 아주 얇은 유리 다루듯 조심스레 물기를 흩뿌리시더니 세심하고 날렵하게 흙손을 쓰셨다. 왠지 어린 마음에도 부산을 떨어선 안 될 것 같아 곁에서 얌전하게 구경했던 기억이 선하다. 정갈하고 대리석처럼 매끈한 부뚜막은 아저씨와 같은 성실한 미장이와 부엌을 소중히 지켜온 어머니들이 함께 빚은 작품이었다.

가을이 끝날 무렵 완공되었어야 할 새집 짓는 일이 겨울로 접어들었다. 외벽 미장일을 하기로 한 날이었다. 전날 일기예보에 다음 날 기온이 영하로 급강하할 것이라고 예고하여 노심초사했다. 물을 쓰는 미장일은 기온이 영하로 내려가면 안 된다. 걱정은 현실이 되었고 바람까지 쌩쌩 불었다. 공기가 이미 많이 늦었으므로 일을 쉴 수는 없었다. 외벽 대신 내벽 미장을 하기로 했다. 내벽이라고 해봤자 한데가 아니라는 것뿐, 아직 문을 달지 아니한 내부는 외투를 입어도 추웠다. 미장 아저씨는 티셔츠에 작업용 조끼만 입고 맨손으로 시멘트를 이겨 발랐다. 보기 딱해 면장갑을 끼시라고 권해도 장갑을 끼면 손놀림이 둔해진다고 사양하셨다. 날씨가 걱정되어 현장을 보러 나왔던 식구들은 아저씨의 모습에 차마 자리를 뜰 수 없었다. 아저씨는 연신 염려 말고 들어가라고 하셨지만, 함께 떨기라도 해야 덜 미안할 것 같았다. 가난했던 그 시절에도 험한 일 중의 하나였던 미장일, 아저씨께 미장일은 당신의 긍지였고 양심이었다.

좋은 미장이가 없다고, 요즈음 젊은이들은 미장일을 배우려 들지 않는다고, 쉬운 일을 선호한다고 세태를 꼬집는다. 하지만 여름이면 땡볕에 사정없이 그을리고, 피부는 독한 시멘트 가루에 삭아 윤기를 잃고, 작업하는 내내 그 가루를 들이마시기가 십상인 미장일을 기피하는 것은 너무도 당연한 일일 것이다.

건축 관계 기술직 공무원을 채용하는데 이공 지원자들도 이공이 무슨 뜻인지 모르더라는 신문 기사를 읽은 적이 있다. 기사의 취지는 대부분 사람들이 알지 못하는, 그럼에도 현장에 뿌리 깊게 남아 있는 일본식 용어의 잔재를 쉬운 우리말로 바꾸자는 것으로 기억된다.

나도 그 기사를 통해 처음으로 '이공'이란 말을 접했다. 국어 대사전(금성판)을 찾아보았다. '이공[泥工] 명 =미장이'라고만 되어 있다. 품사 표시 '명', 같다는 기호 '=', '미장이'가 전부였다. 나는 '이공' 등 기술 현장에 남아 있는 일제의 용어를 쉬운 우리말로 바꾸자는 데에 공감했지만, 이공이란 말도 좋았다. 진흙 이, 장인 공,

泥工. 흙과 연관된 뜻도 좋았고 어감 또한 좋았다. 이공이란 낱말에 대한 내 예찬이 좀 지나쳤는지 아들은 내 의식 속에 한자 문화에 대한 사대주의가 잠재해 있다고 꼬집었다. 그럴는지도 모른다. 하지만 나는 새로운 말을 알게 된 신선함이라고 말하고 싶다. 나는 인품 높던 미장 아저씨를 추억하며 속으로 '泥工'의 공 자를 귀인 공자 '泥公'으로 격상시키고는 혼자서 흐뭇해했다.

같은 사전에서 '미장이'도 찾아보았다. 의외로 한자말이 아니다. 나는 '미장이'를 자의적으로 한자 미장(美裝)에 사람을 뜻하는 우리말 '이'가 결합된 복합어로 생각했었다. 그런데 사전에 '미장이. 명, 건축 공사에서, 흙 따위를 바르는 일을 업으로 하는 사람. 미장공, 이공, 이장(泥匠), 토공(土工). x 미장이'라고 되어 있다. '미장이' 옆에 한자가 전혀 없다. 뜻밖이었다. '미'를 찾아보지 않을 수 없었다. '미. 명, <옛> 쇠흙손'이라고 되어 있다. '미장이'의 '미'가 '쇠흙손'이란 순우리말이라니! 놀랍고 기뻤다. 그렇다면 미장이는 '미'와 '장이'가 결합된 말일 것이다. 즉 건축 공사에서 쇠흙손으로 흙 따위를 바르는 일을 업으로 하는 사람이란 뜻이겠다. '장이'가 '어떤 기술을 가진 사람을 낮추어 이르는 말'이어서 미흡했지만 '쇠흙손'이란 우리말은 너무도 소박하고 예뻤다. 일이 끝나면 언제나 깨끗이 씻어 말려서 두꺼운 면포에 소중히 챙기시던 아저씨의 쇠흙손이 떠올랐다. 나는 '미' 자가 쇠흙손인 뜻을 음미하며 한참 동안 사전 속에서 놀았다. '쇠흙손'하고 읊조리면, 맑고 고운 쇳소리의 여운이 들리는 것 같았다.

식탁 앞에 앉아 새삼 부엌을 돌아본다. 긴 벽 쪽에 상하로 수납장이 붙어 있고 싱크대와 가스레인지 대가 있다. 아래위 수납장과 수납장 사이의 공간은 닦으면 새것처럼 되는 타일이 붙어 있고, 조리대엔 스테인리스스틸 판이 깔려 있다. 미려하고 세련된 타일로 장식된 벽은 예전만큼 미장에 공을 들이지 않아도 된다.

스테인리스강, 인조 대리석 등으로 된 조리대는 미장일이 필요조차 없다. 너무도 힘들었던 미장공들의 노고를 덜어주기 위해 그런 건자재들이 발명되었다고 한다면 견강부회일까.

한 시대의 장인도 가고 부뚜막도 산간벽지 말고는 거의 사라졌지 싶다. 아니 그곳에서마저 사라졌을지 모를 일이다. 옥스퍼드 영어사전에 김치, 한글 등과 같이 등재되어 있다는, 전 세계에서 유일하고, 세계인이 탁월

하다고 감탄했다는 바닥 난방, 온돌. 그 온돌이 주거 환경의 변화로 보일러 난방으로 바뀌면서 난방과 취사의 공간이 분리되었다. 취사 공간이 독립하면서 자동으로 부뚜막도 시대의 뒤안길로 사라지게 되었다.

국어 시간에 교사가 "부뚜막의 소금도 집어넣어야 짜다"라는 속담을 설명하자 한 학생이 "선생님, 부뚜막이 뭐예요?" 했다고 한다. "자라 보고 놀란 가슴 솥뚜껑 보고 놀란다"라는 속담에선 "자라는 알겠는데 솥뚜껑이 뭐예요?"라고 했다고도 한다.

아마도 오래전에 고인이 되셨을 미장 아저씨께서 이 소극 같은 이야기를 들으신다면 뭐라고 하실까. 아스라이 당신의 손길을 거쳐 간 수많은 부뚜막을 떠올리며 해탈한 미소를 지으실 것 같다.

이제 생활 가까이에서 정성을 다해 쇠흙손을 쓰는 감동적인 모습을 보기 어렵다. 한겨울 날씨에도 외투를 입고 장갑을 끼면 몸과 손의 놀림이 둔해진다고 사양하시던 그 소박하고 준엄하던 장인 정신이 그립다. 젊으신 어머니가 부엌에서 환히 웃고 계시던 그 아름다운 시절이 몹시도 그립다.

가방의 추억

이른 봄 새 학기가 시작될 무렵이면 고만고만한 세 아이의 책가방 장만이 큰 행사였다. 요즘처럼 대형 매장의 대대적인 판촉 활동이 없던 시절, 명문 초 · 중 · 고등학교가 다 모여 있던 동네 시장 가방 가게에는 온갖 예쁜 책가방들이 꽃샘추위에도 아랑곳하지 않고 저마다의 모습을 뽐내었다. 제일 잘 보이는 앞쪽에는 초등학생용 책가방들이 주류를 이루었는데 그중에서도 저학년용이 돋보였다.

여자 어린이용은 곱슬곱슬한 금발을 토끼 귀 모양으로 귀엽게 묶고, 알사탕보다 큰 두 눈에 금강석을 박은 듯한 '캔디'가 그려진 빨간색 계통의 가방이 단연 돋보였다. 파란색 계통의 남자 어린이용은 '무적의 마징가 Z', 주먹을 불끈 쥐고 앞으로 쭉 뻗은 두 팔이 마치 로봇 날개 같은 '차돌이'가 그려진 가방이 눈길을 끌었다. 밤비, 도널드 덕, 미키마우스 같은 디즈니 가족들이 그려진 가방은 남녀 어린이 공용이었다.

딸애의 것으로 '캔디'와 두 아들의 것으로 '마징가 Z'

와 '피노키오'가 그려진 가방을 샀다. 가방 가게 주인은 한꺼번에 책가방을 세 개씩이나 파는 기쁨을 감추지 않았다. 청하기도 전에 에누리해주며 덤으로 고 녀석들 똘똘하게 생긴 것이 공부도 참 잘하겠다는 덕담까지 했다. 맛있는 것까지 한 아름 사 안고 집으로 향하는 아이들의 얼굴에는 기쁨이 가득했다. 그 가방 속에서 빨간 동심원 다섯 개가 그려진 시험지를 꺼내는 날 아이들은 얼마나 당당했고 나 또한 얼마나 기뻤던가.

대학생 아들 녀석이 바빠서 그런다며 책가방을 하나 사다 달라고 했다. 마침 신문에 유명회사 제품을 세일한다는 광고가 있어서 그곳에 갔다. 점원에게 용도를 말하니 이층으로 안내하며 한쪽 벽면 전체에 진열된 가방들을 가리키면서 골라 보라고 했다. 옆으로 길쭉한 모양의, 어깨에 메는 끈이 달린 가방들은 아무리 보아도 내 눈엔 책가방 같지 않았다. 게다가 가방 안에 아무런 칸막이도 없었다. 이게 진짜 책가방 맞습니까. 정말 남자 대학생들 책가방이란 말이지요? 젊은 점원은 내가 하도 미심쩍어하니까 그중에서도 디자인이 얌전한 것을 골라주며 가져가서 학생이 싫다고 하면 두말하지 않고 바꿔주겠다고 했다. 수고를 끼친 것이 미안해서 미덥지 않은 채로 가방 하나를 샀다.

먼저 온 딸에게 보였더니 요즈음은 다들 이런 가방을 든다고 했다. 아니면 어쩌나 했던 걱정은 면했지만, 칸 하나 없는 가방 안이 영 미심쩍었다. 필요한 책을 꺼낼 때마다 주위의 책들이 엉클어지겠다 싶어 찜찜했다. 그것은 책가방이라기보다 옷 가방도 될 수 있고, 여행 가방도 될 수 있고, 쌀 한 말쯤도 넣을 수 있는 다용도 가방이었다.

어깨끈 없이 손잡이가 반듯하고, 밑면이 넓지 않고, 가방 속이 세로로 이등분되어 있어 어느 정도는 저절로 정돈되는, 검은색 또는 밤색의 민무늬 가방. 당시 내가 생각하고 있던 대학생 책가방의 전형이었다.

이웃 K씨와 함께 버스를 타고 광복동 쪽으로 쇼핑을 가던 중이었다. 우리는 껑충 높은 맨 뒷자리에 나란히 앉아 담소를 하며 창밖을 내다보고 있었다. 갑자기 그녀가 창밖을 가리키며 저기 아가씨들이 끈을 느슨하게 하여 메고 가는 자루 같은 가방, 저것 바랑 같지 않아요? 라고 했다. 내가 퍼뜩 이해하지 못하자 한 아가씨가 메고 가는 가방을 가리켰다. 비유가 파격적이었다. 예?! 스님들 탁발 다닐 때 메고 다니는 바랑 말씀입니까. 예, 어울리는 아가씨도 있습디다만 저기 장식으로 달고 다니는 제법 큰 동물 인형은 흠칫하던데예. 세상에 저게 뭔고 싶어예.

우리 어릴 적 정월대보름 때에 동네에서 하던 농악놀이 비슷한 것 있었잖아요. 거기 포수도 있었고. 예, 정자관 쓰고 긴 담뱃대 입에 문 양반도 있었고예. 하며 내가 맞장구쳤다. 정월대보름 세시풍속 놀이, 지신밟기. 지금은 지역 자치단체의 민속놀이로 농악만 겨우 그 맥을 이어가고 있는, 어렴풋한 유년의 기억을 떠올리며 그 구성원들을 우리는 번갈아 들먹였다.

그녀는 포수가 멘 망태 속 박제된 토끼도 무섭고, 메고 있던 총을 가끔 벗어 탕탕 쏘던 시늉도 무서워 엄마 치마폭에 숨어 울었다고 했다. 유년의 공포가 꽤나 깊었던지 수십 년의 세월을 건너뛰어서도 가방에 달린 동물 봉제 인형만 보면 그때 생각이 나서 무섭다고 했다. 의연하고 당찬 그녀가 여린 소녀가 되어 엄마의 치마폭에 숨어 훌쩍거리는 모습을 상상하니 누가 간지럼이라도 태우듯 재미있었다. 바랑 같은 가방으로 해서 까맣게 잊고 있었던 추억을 회상하며 우리는 버스 뒷좌석에 앉아 잠시 아름다운 유년으로 돌아갔다.

이제 특별히 성장했거나 격식을 갖추어야 할 경우가 아니면 많은 사람은 가방을 양어깨에 멘다. 어른이 아이들처럼 가방을 메고 다닐 줄 상상도 못 했던 일이다.

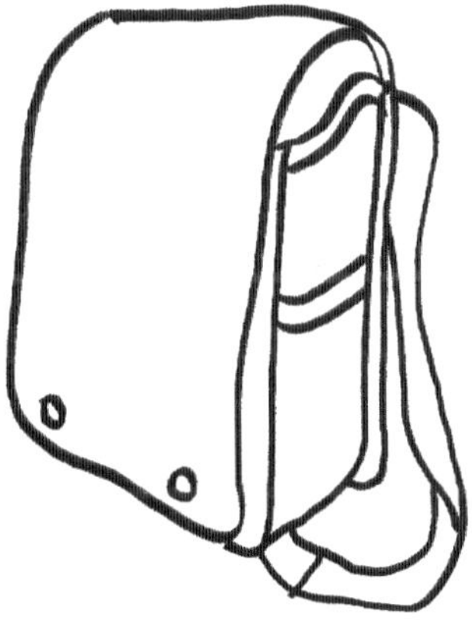

기명(器皿) 단상

백화점 주방용품 매장은 화려하고 세련되고 아기자기했다. 은은하면서도 환한 조명은 마치 딴 세상에라도 온 듯했다. 전용관을 차지한 명품들은 아름답고 우아하여 한층 돋보였다. 얼음처럼 차갑고 도도하게 빛나는 크리스털, 유서 깊은 전통을 자랑하는 외국 명문가의 접시며 찻잔들. 나는 전람회의 그림을 감상하듯 그릇들을 완상했다.

통로의 진열대에는 온갖 부엌 살림살이들이 다닥다닥 밀도 높게 붙어 있었다. 뚜껑 꼭지 모양이 동화 '백설 공주' 속 일곱 난쟁이의 모자 같은 재미있는 주전자도 있었고, 정물화가 예쁘게 그려진 법랑 냄비도 있었다. 그 냄비에 조리하면 행복도 함께 보글보글 끓을 것 같았다.

한때는 당당했던 갈색 투명 유리 냄비에 '세일 가 한정 판매'란 쪽지가 붙어 있었다. 외진 구석 자리였다. 매대 중앙에서 시선을 끌던 때가 겹치면서 처량해 보였다. 추락한 처지를 맞닥뜨린 것 같아 얼른 시선을 거두었다. 문득 뜨거운 찻물을 부었다가 한순간에 터져버려 낭패감에 젖었던 유리 화채 그릇 생각이 났다. 전체적으로 돋을새김이 되어 있던 튤립꽃 모양의 화채 그릇은 결혼할 때 친구들로부터 선물 받은, 아끼느라고 잘 쓰지도 않던 그릇이었다.

주인댁의 친정 부모와 일가친척들이 멀리 합천의 오지에서 오셨다. 주인아주머니는 처음이자 마지막 길이 될 것이라시며 달포 전부터 그분들을 맞을 준비에 여념이 없었다.

두루마기에 갓을 쓴 부친과 길이 긴 저고리를 입으신 모친이 외할머니처럼 정겨웠다. 아주머니의 얘기에서 자주 접해서인지 전혀 낯설지 않았다. 생강을 진하게 달여 홍차로 빛깔을 내어 대접하려는데 찻잔이 부족했다. 언젠가 찻잔 대용으로 썼던 화채 그릇 생각이 나서 거기에다 생강차를 따랐다. 어른들께서 생강의 향기가 참 좋다고, 차 색깔이 어찌 이리 고우냐고 칭찬하셨다. 그때 '딱'하고 그릇 하나가 소리를 냈다. 그러자 연쇄반응처럼 옆의 잔들도 연달아 소리를 내며 찻물이 새기 시작했다. 나는 민망하여 웃고 그분들은 내가 부끄러워할까 봐 같이 웃으셨다. 내 마음속에는 그때의 기억이 아름다운 추억으로 오롯하다.

기술은 발전을 거듭하여 유리로 된 냄비가 등장했다. 뚜껑을 열지 않고도 조리되는 상태를 볼 수 있는, 현대 기술의 총아 유리 냄비는 기대만큼 인기를 끌지 못했다. 써 본 사람들은 너무 무겁다고 했다. 변화에 둔감한 나는 매력은 있었지만 구매욕은 느끼지 않았다. 유리라는 재질이 받아들여지지 않았다. 요즈음 냄비들은 대체로 뚜껑이 유리로 되어 있다. 유리 냄비의 절충안쯤 될 것 같다.

행남자기, 한국도자기 등 다양한 도자기 진열대도 돌아보았다. 백화 난만한 꽃밭 같았다. 문득 옥양목 속살같이 푸르듯 하얗고, 그릇 안쪽 바닥에 청록색 '기쁠 희(喜)'자 두 개가 어깨동무하고 있는 사기대접 생각이 났다. 가장자리 바깥쪽에 같은 색 당초무늬를 두른 소박한 대접. 어머니의 부엌에서부터 나의 주방 붙박이장까지 이어져 온 그릇. 화려한 도자기 꽃밭에서 그리움으로 떠올랐다.

자국의 매장인 양 위풍당당한 프랑스제 프라이팬, 중후한 독일제 압력밥솥, 오밀조밀하며 기능 좋은 일본제 냄비들. 진열대는 마치 세계 조리기구 박람회장 같았다.

온도만 맞추어 놓으면 자동으로 튀김이 다 되어 신호를 울린다는 전기 튀김 솥도 있었다. 기름 튈 염려가 없어 안전하겠지만 좀 맨송맨송할 것 같았다. 튀김은 만드는 사람도 먹을 사람도 다 같이 조금은 부산하고 들썩여야 제격이 아닐까 싶었다.

스테인리스강, 게르마늄, 옥돌, 각종 특수합금 등으로 재질은 발전하면서도 둥근 모양이 전형인 냄비들은 뚜껑 꼭지 치장에 공을 들이는 것이 역력했다.

가볍고, 손잡이는 못에 걸기 좋고, 뚜껑 꼭지가 손가락 한마디만 한 양은 냄비가 주류를 이루던 시절이 있었다. 집마다 크고 작은 양은 냄비가 몇 개는 되었다. 보글보글 찌개도 끓이고, 펄펄 국도 끓이던 양은 냄비는 연탄 아궁이 부엌에서도 언제나 정갈했다. 얼마나 닦았던지 은백색 거울 같은 양은 냄비는 그 시절 주부들의 자긍심이었다.

서울 출장 갔던 훈이 아빠가 선물을 사 왔다. 이거 당신이 제일 좋아하는 거. 선물 꾸러미를 내미는 훈이 아빠의 얼굴은 자신감으로 환했다. 선물까지나! 훈이 엄마는 마음이 다 설레었다. 부부간에 선물 같은 걸 할 여유도 없었고 쑥스러워서도 못하던 시절이었다. 기대에 부푼 선물 꾸러미 속에서 수세미가 나왔다. 결혼하고 처음으로 받는 선물이 수세미라니! 그것도 서울까지 다녀와서. 훈이 엄마는 분하고 억울하여 대성통곡했단다. 아이들의 초등학교 자모들인 우리는 훈이네 집 부엌에 가지런히 걸려있던 새것보다 더 뽀얗게 빛나던 양은 냄비와 칭찬을 기대했다가 뜻밖의 원망을 듣게 된 훈이 아빠를 상상하며 폭소를 터트렸다. 냄비를 얼마나 열심히 닦았으면, 또 그 닦는 모습이 얼마나 예뻤으면…. 그러게 좀 대충 닦지 그랬냐고 우리는 훈이 엄마를 위로하면서도 선물이란 꼭 필요한 것일지라도 지나치게 소박해선 곤란하다는 걸 생각했다.

노란색과 연두색이 잘 배색된 전기밥솥이 예쁘고 앙증맞았다. 싱크대 위에 올려 두면 온 부엌이 환해질 것 같았다. 2~3인용. 뚜껑을 열어보니 밥통이 작은 양재기만 했다. 애개개. 요게 밥솥이라고. 우리가 얼마나 핵가족화되었는지, 밥을 적게 먹는지 밥솥이 대변하는 것 같았다.

과일 모양 이쑤시개 담는 그릇이 재치 있었다. 저런 애교 있는 착상을 한 이는 틀림없이 유쾌한 사람일 것이다. 미처 생각지도 못한 기명(器皿)들을 만나면 즐겁고 젊어지는 느낌이 들었다.

백화점 주방용품 매장에는 구석구석 살아가는 이야기가 있고 그리움이 있었다. 풍요함으로써 오히려 소박하던 때를 회상케 하는 소쇄함이 있었고, 그리운 이를 그립게 하는 묘약이 숨어 있는 것 같았다.

분꽃 연가

태양이 뜨거운 계절이 되면 알록달록한 분꽃이 아른거려 나도 모르게 한낮을 비켜 집을 나선다. 정겨운 매미 소리 들으며 플라타너스 그늘을 지나고 커다란 은행나무 두 그루가 서 있는 성당 앞도 지난다. 내가 다녔고 아이들이 다닌 초등학교 뒷담 쪽으로 방향을 꺾는다. 변함없이 한적하다. 뒤쪽이란 늘 그런 것일까. 변하는 것들 속에서 변하지 않는 여전함에 놀란다.

저만치 내가 처음으로 가 본 교회가 보인다. 크리스마스가 가까워져 오면 "예수 사랑 할라꼬 예배당에 갔더니 눈 감으라 해놓고 신발 훔쳐 가더라"를 곡조에 붙여 동무들과 목청껏 부르며 갔던 교회다. 그 노래가 불경한 줄은 몰라도 어린 마음에도 성탄 전야 하루만 가기는 미안하여 십이월에 접어들면 또래들과 다니기 시작했었다. 하나같이 손목에 신발주머니를 걸고서.

금박지 은박지로 만든 크고 작은 별들은 불빛에 반사되어 반짝거렸고 동방박사 세 사람 중 한 사람이 입은 보라색 망토는 너무도 아름다웠다. 나의 보라색에 대한 고귀하고 신비한 색감은 아마 그때 형성되었을 듯하다. 구유의 아기 예수에게 경배하는 연극도 보고 과자봉지도 받고. 연극의 여운과 한 봉지의 과자로 한껏 부푼 동심은 그사이 익숙해진 찬송가를 떼창하며 밤길을 활보했다. 겨울밤이 조금도 춥지 않았다.

여름이면 교회 마당엔 채송화, 봉숭아, 분꽃, 달리아, 칸나 등이 만발했고 우리는 그 옆에서 시간 가는 줄 모르고 소꿉놀이를 했다. 교회 문은 항상 활짝 열려 있었다.

철 대문이 굳게 닫힌 교회 마당을 멀거니 바라보며 그 앞을 지난다. 상념은 자꾸만 그리움을 길어 올린다. 그 길을 곧장 가면 하얀색 말일성도예수그리스도교회가 나온다. 그 교회 긴 블록 담을 따라 길가에 꽤 넓은 분꽃 꽃밭이 있었다.

빨강, 자줏빛을 머금은 그윽한 빨강, 노랑, 하양, 노랑에 빨강 조각, 빨강에 노랑 조각, 노란 바탕에 빨간 주근깨. 갖가지 색깔의 조그만 깔때기 모양의 꽃. 오후부터 피기 시작하여 다음 날 오전 무렵에 지는 꽃. 꽃이나 사람이나 예외인 녀석이 있어 어쩌다 낮에도 오므리지 않은 꽃이 있긴 했다. 짧은 생의 꽃이지만 피고 지고 하여 꽃밭은 언제나 오색 꽃별이 내려앉은 듯했다. 꽃이 진 자리에 맺은 팥알만 한 까만 씨. 온전히 여물 때까지 꽃받침에서 굴러떨어지지 않으려는 자구책인 듯 갸름한 모양에 주름이 졌다. 행여 떨어질까 보는 나도 조심스러웠다.

멀리 태평양 건너 유타 주에서 산 설고 물 설은 한국까지 온 모르몬교 선교사들. 그곳에서도 분꽃이 지천이었을까. 열대 남아메리카가 원산지라는 분꽃 화단에서 그들의 향수를 읽었다.

블록 담 구멍, 그 열악한 환경에서도 잘 자라던 것을 생각하고 빌라 입구 나지막한 축대 위에 화분을 매달아 채송화를 심기로 했다. 꽃집에서 예전 채송화 품종은 없다고 했다. 물어서 간 꽃동네에서 딱 한집에 있는 모종을 떨이하여 와서 심었지만, 추억 속의 채송화는 아니었다. 끈질긴 생명력의 대명사 같던, 투명한 적갈색 실한 줄기가 사방팔방으로 뻗으며 소박하고 귀여운 꽃을 한가득 피우던 그 채송화가 아니었다. 파리한 줄기에 핼쑥한 꽃 한 송이가 겨우 피더니 뻗어나가지를 못했다. 떨어질 씨앗도 없었는지 이듬해엔 겨우 명맥만 유지하더니 빈 화분만 덩그렇다.

사리골 약수터 가는 자투리땅에 분꽃이 만개했다. 반가운 마음에 자리를 뜨지 못하고 있으니 지나가던 한 아주머니가 꼭 이맘때, 분꽃을 시계 삼아 보리쌀을 안쳤다고 회상했다. 문득 어디선가 읽은 오후 네 시의 꽃이란 분꽃의 다른 이름이 떠올랐다. 시계 있는 집이 귀하던 시절, 분꽃이 활짝 피면 보나 마나 오후 네 시 어름. 쌀이 귀하던 때 보리쌀 삶기는 빠뜨릴 수 없는 밥 짓기의 첫 단계였다. 분꽃을 보며 우리는 서로 다른 추억을 떠올렸지만 그리움이란 공통의 정서에 마음이 통했다.유년의 꽃밭에서 무성하던 꽃들이 점점 자취를 감추어 간다. 주거 공간이 아파트가 되면서 일이 년생 초화는 밀려나고 해가 거듭될수록 풍성해지고 수형이 근사해지는 목본식물들이 자리를 잡아간다. 키 작은 채송화가 앙증맞던 가장자리에는 사철 밋밋한 회양목이 들어서고, 봉선화와 금잔화가 정답던 자리에는 장미나 동백이 들어섰다. 해바라기 · 칸나의 열정이 뜨겁던 자리에는 무덤덤한 식나무 · 팔손이 등이 심어졌다.

길가에도 아파트 단지에도 화단에는 꽃이 거의 다 핀 초화를 옮겨 심었다가 미처 시들기도 전에 뽑아내고 다음 초화를 또 옮겨 심는다. 싹이 트고 잎이 나고 꽃이 피고 씨앗을 맺은 후 되돌아가는 초본식물의 한 살이를 느긋하게 기다리지 않는다. 보여주기만을 위한 성급함. 우리의 성정도 부지불식간에 점점 더 급해져 과정을 건너뛰는지도 모른다. 아파트마다 단지 한쪽에 꽃밭을 만들었으면 좋겠다. 거기에 일이 년생 초화를 심어 봄부터 가을까지 꽃이 피고 지는 식물의 한 살이를 볼 수 있도록 했으면 좋겠다. 새싹이 흙을 뚫고 올라오는 신비로움도 보고, 만개한 꽃의 절정도 만끽하고, 꽃마다 모양이 다른 씨앗을 보며 그 이유도 나름 유추해 보고, 씨앗이 떨어져 다시 움이 트는 자연의 순환을 지켜볼 수 있었으면 좋겠다. 그러면서 아이들의 생각도 깊어질 것이기 때문이다.

다시 분꽃의 계절, 추억을 만나러 가는 설렘에 약수터 가는 걸음이 빨라진다.

운동회 풍경

늦더위의 꼬리가 긴 가을 일요일. 손녀의 운동회장으로 가는 길목엔 군데군데 '○○ 유치원 운동회장 가는 길'이란 예쁜 표지가 친절하게 붙어 있었다. 넓은 초등학교 운동장은 원아들과 그 가족들과 정보에 빠른 장사들로 입구부터 북적거렸다. 일요일이어서 엄마 아빠 할머니 할아버지와 친척과 이웃 아주머니와 강아지까지, 입지 좋은 자리는 빈 데가 없었다. 원생도 많지 않은 유치원이 커다란 학교 운동장을 빌려서 어쩌나 했던 내 걱정은 완전히 기우였다.

유치원 운동회는 이벤트 회사의 능숙한 지휘 아래 신나게 진행되었다. 종목마다 웬 옷을 그리 자주 갈아입고, 소도구는 또 어찌 그렇게도 다양하던지. 만화 속의 로봇 같은 복장이었다가 금세 태권도 복장이었다. 운동회는 전문 사회자의 진행으로 아이들도 즐겁고 어른들도 연신 폭소를 터뜨렸다. 과하다 싶은 지출과는 상관없는 듯했다.

점심시간, 승용차 트렁크에 가득 싣고 온 과일과 아이

스박스 속 음료수와 고기와 휴대용 취사도구들. 고기 굽는 구수한 냄새가 바람결을 따라 유영하고 여기저기서 "양념통닭 시키신 분!", "피자 시키신 분!", "탕수육 시키신 분!"하며 주인 찾느라고 외치는 소리로 야단법석이었다. 원근의 음식점이란 음식점은 총출동한 것 같았다. 오토바이 배달원들은 그 경황없는 와중에도 마치 제 조카의 운동회에 온 삼촌들처럼 흐뭇하고 즐거움이 넘치는 표정들이었다. 그 진풍경을 쫓다가 눈길이 마주치면 모르는 사람끼리도 싱긋 웃었다. 햇곡으로 지은 찰밥도 귀한 음식이었지만, 김밥 또한 별미였던 시절 어머니가 정성껏 싸주신 김밥을 자랑스럽게 먹던 당신들의 운동회를 회상하며 이심전심으로 짓는 미소였을 것이다. 재롱잔치 같은 손녀의 운동회 속에 이제 한 가정의 어른이 된 딸애와 내 유년의 운동회가 겹쳐서 떠올랐다.

기마전, 곤봉체조, 줄다리기, 이인삼각 달리기, 피라미드 쌓기, 쪽지에 적힌 대로 하고 달리기 등. 내용도 다채로웠다. 곤봉체조는 얼마나 열심히 연습했던지 지금 생각해 보면 그 고난도의 동작은 거의 전국체전 수준이었지 싶다. 이인삼각 달리기에서 아이들은 처음으로 왼손잡이가 아닌 왼발잡이도 있다는 걸 알았다. 왼발잡이와 짝이 된 아이들은 동무들이 다 돌아간 빈 운동장에서 한둘, 한둘 함께 구령을 붙이며 발맞추는 연습을 했다. 처음엔 발이 맞지 않아 넘어지다가 착착 맞아지는 것이 스스로 대견했다. '아버지 손 잡고 달리기'란 쪽지를 주운 여자 어린이가 눈에 띄지 않는, 어쩌면 못 왔을지도 모를 아버지를 찾느라 당황해 있으면 눈치 빠른 어른들은 재빨리 젊은 아버지를 소녀 옆 트랙으로 내몰았다. 떠밀려 나온 즉석 아버지는 어쩔 줄 몰라 하는 어린이를 보듬다시피 하고 온 힘을 다해 나는 듯이 달려 관중의 뜨거운 박수를 받았다.

드디어 유치원 운동회도 대단원의 막을 내렸다. 교문을 나서는 상기된 아이들의 얼굴에도, 오랜만에 동심으로 돌아갔던 어버이들의 표정에도 만족한 하루를 보낸 기분 좋은 포만감이 감돌았다. 종일 북적이던 사람도 함성도 썰물처럼 빠져나간 빈 운동장엔 미처 가라앉지 못한 먼지와 휴지만 바람에 흩날렸다. 구르는 휴지에도 축제의 기쁨과 나른한 피로가 괴어 있는 듯했다. 파란 가을 하늘 아래 임무를 마친 만국기들이 서로 수고했다고 손짓하는 것 같았다.

종이사전

경기도의 한 중학교 1학년 교실에서 "종이사전 가져온 사람?"하고 영어 교사가 물었더니 아무도 손을 들지 않았다고 한다. 뜻풀이가 더 빨라지고 간편해지고 친절해진 전자사전, 인터넷 사전, 핸드폰 사전 등으로 영어단어를 찾지, 종이사전으로 찾는 학생은 없다고 한다. 이름난 사전 출판사들이 사전 편집국 인원을 대폭 줄이거나 사전 편집팀을 해체해 버렸다고 한다. 그나마 사전 업계를 먹여 살리는 것은 교과과정에 사전 찾기 항목이 들어 있는 초등학교 3학년 엄마들이라고 한다. 신문 기사는 새로운 문명이 장악해 가는 과정의 그늘을 조명하고 전문가들의 견해를 빌어 어학 사전이 나아갈 바를 제시하고 있었다.

초등학교 3학년이라……. 격변하는 시대의 흐름을 드러내는 무거운 기사였지만 이 부분에서 미소가 감돌며 감회가 새로웠다.

중학교 1학년 때였던 것 같다. 국어 선생님은 "모두 준비해 온 국어사전을 책상 위에 올려놓으세요" 하시고는 책상 줄 따라 교실을 한 바퀴 돌았다. 사전을 가져오지 아니한 급우들도 다 앞 쉬는 시간에 옆 반에 가서 빌려왔으므로 수업은 기분 좋게 시작되었다. 선생님의 모습으로 보아 뭔가 중요한 것을 배울 것 같은 기대와 설렘으로 교실에는 약간의 긴장감과 들뜬 분위기가 감돌았다.

선생님은 자칫 건너뛰기 쉬운 머리말부터 다 함께 읽어보자고 하시더니 우리와 함께 차근차근 사전의 머리말을 읽어나갔다. 머리말에는 우리 말과 글에 대한 소중함을 일깨우는 뭉클함 같은 것이 있었던 것으로 기억된다. 생소한 느낌이었다. 중요한 일러두기는 보기가 될 만한 낱말을 실제로 찾아보게 하여 그 활용법을 설명하셨다.

처음에는 선생님의 지시에 따라 모두 똑같은 낱말을 찾았다. 두세 번 연습을 시킨 후 각자가 가장 궁금하게 여기는 낱말을 찾아보라고 하셨다. 무슨 낱말이 제일 궁금한지 금세 떠오르지 않았다. 제일 궁금한 것을 생각하는 소리, 그것이 뭐냐고 묻는 소리, 무엇으로 할 것인지 의논하는 소리로 교실 안은 소란스러웠다. 사춘기 소녀들은 생각도 소리로 하는 것 같았다. 빠르게 책장

넘기는 소리, 찾아보고 감탄하는 소리, 교실은 사월의 나무 이파리만큼이나 싱그럽고 생기가 넘쳐흘렀다.

장난기 많고 엉뚱한 한 급우가 혼잣말처럼 "설마 그런 말도 사전에 있으려나" 하더니 그 시절 담벼락 같은 곳에 종종 낙서 되어 있던 한 낱말을 찾아본 모양이었다. "세상에, 이렇게 품위 있는 책에 요런 이상한 말이 다 실려 있다니! 뜻풀이는 또 어찌 요렇게도 우스울꼬" 하며 킥킥거렸다. 그 급우의 놀라움은 순식간에 온 교실 안에 퍼져나갔다. 제법 진지한 태도로 저마다 가장 궁금한 낱말을 찾고 있던 학생들도 동작을 멈추고 급우가 찾았다는 낱말의 확인에 들어갔다. 여기저기서 "있다, 있어!" 하며 제 짝과 이마를 맞대고 쿡쿡거렸다. 급우만큼이나 놀란 우리는 두서없이 생각나는 낱말을 찾느라 손길이 바빠졌다. 그 급우는 자신도 모르는 사이에 사전 찾기 학습의 본보기가 된 셈이었다.

국어 선생님은 지시봉을 교탁에 수직으로 세우고 우리들의 소동을 모르는 척 빙그레 웃고 있었지 싶다. 그만, 하는 선생님의 말씀이 떨어질 때까지 우리는 사전 찾기에 열중해 있었다. 물자도 정보도 귀하던 시절, 사전은 두드리기만 하면 원하는 것을 쏟아내는 도깨비방

망이 같았다.

우리가 중학교 1학년 때 배운 것을 지금은 초등학교 3학년에서 배우다니. 물자가 귀해서였을까, 우리들의 인지 능력이 지금 보다 늦되었을까. 지금 아이들의 반응은 어떠할까. 자못 궁금해진다.

거실 한쪽에는 언제나 민중서관 판 국어 대사전이 자리하고 있었다. 심심하면 'ㄱ'부터 읽기도 했는데 어떤 낱말이 문자로 설명되었을 때의 정연한 논리가 낯설기도 하고 신선하기도 하고 그렇게 재미있을 수가 없었다.

미망(未忘), 잊을 수 없음. 글자에 전류가 흐르는 듯 사전의 뜻풀이를 읽는 것만으로도 가슴이 저렸다. 박완서의 소설 『미망』을 읽었을 때의 일이다. 그때까지 나는 깊고도 울림이 큰 그 기품 있는 낱말의 뜻을 제대로 알지 못했다. '잊지 아니함' 정도로 생각했을 것이다. 하도 충격이 커서 '불망'과 차이를 비교하고 연상되는 낱말들을 찾아보았다. 물망, 물망초, 비망, 비망록 등.

불망이 잊지 않겠다는 다짐이라면 미망은 한이 서리서리 녹아있는 절규 같은 느낌이었다. 임, 보굿, 보꾹, 마전, 더그매, 머릿방 등 잊혔거나 잊혀져 가는 말들을 문맥상 뜻을 유추할 수 있다고 그냥 넘어갈 수는 없었다. 『미망』을 읽는 동안 나는 자주 사전을 찾았는데 요즈음 식으로 표현하면 종이사전이어서 더욱 그랬지 싶다.

밥솥을 쓸 것인지, 전기밥솥을 쓸 것인지 선택하라면 나는 단연 전기밥솥을 택할 것이다. 밥물이 넘어 가스레인지를 더럽히지도 않고, 밥을 태울 염려도 없는 편리한 전기밥솥. 모바일 사전류를 쓰는 사람들도 아마 내가 전기밥솥을 선택하는 이유와 같을 것이다. 처음부터 전기밥솥으로만 밥을 지어 본 사람은 밥이 솥 바닥에 눌어붙은 누룽지의 맛을 알 수 없다.

처음부터 모바일사전으로 낱말을 찾는 세대들은 사전을 펼치면 찾고자 하는 낱말의 아래위 낱말이 한눈에 들어오고 옆 페이지까지 보여 새로운 앎의 지평을 넓혀 가던 묘미를 알 수 없을 것이다.

전기밥솥이 우리의 취사 기구에 일반화되었다고 그 이전의 밥솥을 연탄 솥, 석유 솥, 가스 솥이라고 부르는 것을 내가 과문해서인지 들어보지 못했다. 그냥 솥 또는 밥솥이라고 한다.

종이사전, 모바일 사전류와 구별하기 위해 고심하여 지은 이름일 터이지만 나는 그 이름에 미안하다. 종이호

랑이에 호랑이의 위엄이 없듯 그 이름에는 사유와 지식을 집대성한 사전의 위상이 느껴지지 않는다. 전자사전, 인터넷 사전, 핸드폰 사전이라고 필요에 따라 구분하고 이전의 사전은 그대로 사전이라고 부르면 안 될까.

종이사전. 온통 비닐류 천지인 세상에서 순수함의 상징 같은, 내가 좋아하는 말 종이에게도 미안하다.

그 시절의 비밀번호

대문 앞에 서면 아스라이 떠오르는 추억이 있다. 아마 내가 초등학교 저학년 무렵이었을 것이다. 지금은 격조 있는 거리로 변모한 남천동 일대가 온통 밭이었다. 아주머니 댁이 그곳에 있었다. 어머니와 이모들과 함께 아주머니 댁엘 갔었다.

키 큰 나무들로 이루어진 긴 울타리 한쪽에 한 길이 넘는 대나무로 엮은 듯한 대문이 있었다. 그 앞에 이르자 막내 이모가 갑자기 엎드리더니 무엇인가 찾기 시작했다. 장난기 많은 막내 이모는 조금 과장된 동작으로 여긴데, 어 여기가 맞는데 하며 대문 주위 덤불 속을 여기저기 뒤지기 시작했다. 막내 이모는 그날의 안내를 위해 먼저 아주머니 댁을 다녀온 터였다. 금세 줄을 찾아 '짠!'하고 길라잡이로서의 역할을 멋지게 해 보이려 했던 듯 이모는 적이 당황하는 기색이었다. 한참 만에 "찾았다!"하고 환호하며 덤불 속에서 전깃줄 같은 까만 설렁줄을 끌어올렸다.

막내 이모는 우리의 주의를 집중시키고 나서 하나둘

하며 세 번인가 줄을 당겼다 놓았다 하더니 "됐다!" 하고 소리쳤다. 도착했음을 안에다 알렸으니 이제 기다리기만 하면 된다는 거였다. 막내 이모의 재담에 웃고 있으니 두런두런하는 소리와 함께 급하게 달려 나오는 소리가 들렸다. 아이구, 이 먼 길을 오시느라고 고생이 많았지요 하는 말소리와 함께 대문이 열렸다. 아저씨와 아주머니를 따라 조약돌이 깔린 예쁜 길을 한참 들어가니 집이 있었다. 대문이 이렇게 멀어 누가 오면 어떻게 하느냐고 어른들이 걱정했다. 아저씨와 아주머니는 빙그레 웃으며 집 입구 천장 바로 밑에 달린 조그만 종을 가리켰다. 대문 앞에서 막내 이모가 애써 찾던 설렁줄과 연결된 종이었다. 줄을 당길 때마다 종소리가 나고 종소리의 횟수와 간격에 따라 밖에 누가 왔는지 알 수 있다고 했다.

종소리 한 번은 누구로 할 것이며 두 번은 누구로 할 것인지 등을 의논했던 가족회의를 얘기하며 두 분은 아이들처럼 재미있어했다. 집안의 제일 어른은 할머니이니 할머니를 한 번으로 하자는 의견에 아버지가 가장이고 제일 출타가 많으니 아버지를 한 번으로 하자고 할머니가 말씀하셨다고 했다. 아버지는 한 번, 할머니는 두 번으로 하는 결정까지는 쉬웠다. 아래로 내려갈수록 온갖 의견이 백출 됐다고 얘기하며 웃음을 멈추지 못했다. 소박하고 정겨운 시절이었다. 줄을 당기는 횟수와 간격은 그 시절의 비밀번호였던 셈이다.

이십 대 초반, 친구와 낯선 길을 걷고 있었다. 전포동 어디쯤이었다. 멍멍이도 오수를 즐길 것 같은 한적한 동네였고 행인이라고는 우리밖에 없는 한가한 시간대였다. 동네가 너무 조용하여 돌아보니 저만치에 짐을 거의 다 내려가는, 짐받이가 어른의 앉은키보다 높은 자전거 한 대가 서 있을 뿐이었다. 움직임이 조용하여 정물 같았다.

앞을 보니 조금 전엔 없던 한 무리의 사람들이 보였다. 그냥 반가웠다. 어느 집 대문 앞인 듯했다. 저 집에 잔치가 있는 모양이라고, 초대받은 친척들인 것 같다는 얘기를 나누는 사이 그들이 사라져 버렸다. 어, 다들 어디로 갔지. 안에서 대문을 열어주러 나오는 기척도 없었는데 하며 잰걸음으로 그 집 앞까지 가보았다. 대문 앞에 있던 사람들은 벌써 앞마당을 지나 중문을 통과하고 있었다. 그 집은 도로변에 꽤 길고 넓은 마당이 있었고 안쪽에 문이 하나 더 있었다. 마당엔 달랑, 쇠 간살로 된 커다란 개집 하나가 있었고 수문장 같은 큰 개는 제집에서 나와 마당 한쪽에 편안한 자세로 좌정해 있었다. 기웃거리는, 낯선 우리를 한 번쯤 쳐다볼 법도 한데 본체만체했다. 덩치에 비해 퍽 유순한 개 같았다. 개도 동네도 한적하기가 닮은 듯했다.

조금 전에 들은, 부~웅 하던 소리가 대문이 자동으로 열리는 소리였던 모양이었다. 그 소리가 났을 때 우리는 무슨 소리인가 하고 주위를 둘러보다가 잘못 들은 걸로 했었다. 소리가 날만 한 아무런 조짐도 발견하지 못했기 때문이었다.

원격 조정 자동 개문장치. 생소한 광경이었다. 손님이 왔는데 주인은 나오지도 않고 문만 열어주다니. 우리는 절대로 저렇게 인정미 없이 살지는 말자. 이심전심으로 다짐했다. 어떤 미래가 우리 앞에 펼쳐질지 상상도 못 했다.

대문 번호판 누르는 소리가 난다. 가족 중 누구일 것이다. 열어주러 나오길 기다릴 것 없이 비밀번호를 입력한다.

문득 벨을 누르고 싶어질 때가 있다. 초인종을 누르고 기다리고 있으면 얼굴 가득 웃음 띤 어머니가 대문을 열어주던 모습이 그립다. 그럴 때면 잠시 머뭇거린다. 형언할 수 없는 그리움들이 싸하니 가슴을 훑고 지나간다.

추억을 회상하는데 비밀번호가 필요치 않다는 것이 얼마나 다행인지 모르겠다.

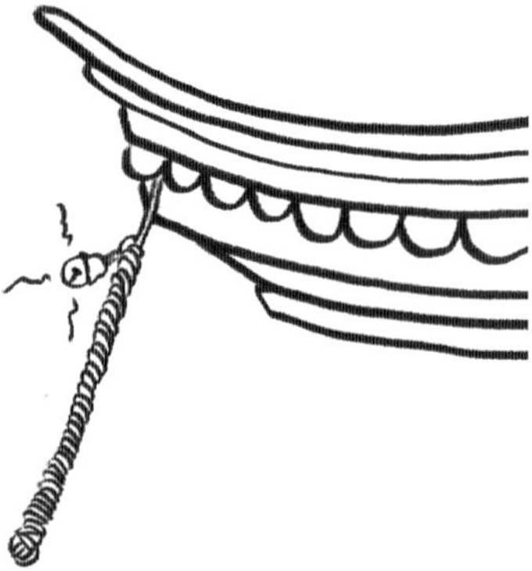

이사

이사하기 전날, 사각 플라스틱 상자 수십 개와 포장지, 밀차 등의 장비와 함께 이삿짐 회사 직원 여러 명이 도착했다. 그들은 우리에게 이삿짐을 싸겠다고 하더니 각 방에 나눠 들어가서 일사천리로 살림살이를 포장하거나 상자에 담았다. 견적 보고 간 것을 토대로 미리 업무를 정하고 온 모양이었다. 그 전날 남편과 내가 가장 쉬울 것 같은 책장을 정리하려다가 그만 책 읽기에 빠져 몇 분의 일도 싸지 못했던 책들도 모두 그 네모 플라스틱 상자에 담았다. 너무 간단해서, 걱정했던 것이 오히려 허탈할 지경이었다.

포장이 끝나자 일일이 점검을 하더니 오늘 저녁은 하는 수 없이 불편하게 주무실 수밖에 없겠다는 말을 남기고 쓰고 남은 이사 장비를 챙겨서 철수했다.

그날 밤 우리 식구들은 옷을 이불 삼아 참으로 오랜만에 한방에서 잤다. 제대로 된 침구도 없고 포장된 이삿짐들로 어수선했지만 온 식구가 한방에 오순도순 붙어 자던 유년이 생각나서 살던 집에서의 마지막 밤이 정겹고 좋았다.

이사를 와서는 전동공구로 못을 박아, 걸 것은 걸어주고 가전제품마다 전선을 연결하여 제대로 작동되는지 확인까지 해 주었다.

부엌 달력이 가스레인지 바로 뒷창문 옆에 걸려 있었다. 불을 쓰는 레인지 지척에 달력이라니. 왜 하필 여기에 걸었지 하고 한참을 생각해 보니 이전 집에서 그 비슷한 위치에 달력을 걸었던 기억이 났다. 전부 타일로 된 부엌에서 달력을 걸기 위한 못을 박을 수 있는 나무재질은 가스레인지 뒤 창틀이 유일했기 때문이었다. 이전 집에서와 같은 위치에 달력을 걸려고 고심한 이삿짐회사 직원의 애쓴 흔적이 엿보였다. 화재의 위험이 있으니 거기는 말고 여기가 어떠냐고 물어 시계 밑, 빈 곳에 못을 박아 달력을 걸어주었더라면 더욱 좋았을 것이다.

책장의 책들도 우리가 싼 것 말고는 모두 전과 같은 책장, 같은 위치에 꽂혀 있었고 부엌세간도 이전 집에서의 배치 그대로였다. 오직 업무일 뿐인 그들의 이삿짐 정리는 빠르고 정확했다. 세간살이 하나하나에 얽힌 추억이 없는 그들은 망설일 이유가 없었을 것이다.

화분에 물을 주고 베란다를 청소하고 난 후 의자에

앉아 옛날에는 넓었다는 감천 포구를 망연히 내려다본다. 무언가를 잃어버린 듯한 허전한 감정들이 잡힐 듯하면서도 잡히지 않는다. 뭘까. 이 종잡을 수 없는 애틋함은.

이사의 향수가 아련한 그리움으로 밀려든다. 유년의 운동회처럼 마음이 들뜨고 즐겁던 이삿날. 남편이 친구와 함께 들어낸 장롱 밑은 먼지마저도 정겨웠고, 없어졌을 때마다 그 소소함에 비해 찾느라고 아침부터 거울 앞에서 한바탕 소동을 빚었던 빗이며, 아이들이 무척이나 재미있어했던 알록달록한 알루미늄 팽이며, 이렇게 큰 것이 어떻게 그 좁은 틈으로 들어갔지 싶은 플라스틱 총이며 연필 볼펜 지우개에서 립스틱까지. 솜을 타서 흩어놓은 것 같은 몽글몽글한 먼지 속에서 동전을 찾아서 주면 아이들은 신이 나서 환호성을 지르곤 했었다. 장롱을 들어낸 자리는 추억을 한 보따리 풀어놓은 것 같았다.

이웃과 함께 이삿짐을 싸면 함께 갔던 시장, 함께 흥정했던 추억들로 시간 가는 줄 몰랐다. 공유하는 깨알 같은 추억들은 작은 즐거움의 연속이었다.

가장자리가 투박한 쟁반에선 어머니의 모습이 보이

는 듯하여 그리움이 괴어들었고, 에펠탑과 베르사유 궁전이 그려진 연한 갈색 도자기 컵에선 그것을 선물해준 친구들의 모습이 떠올랐다. 넘쳐나는 추억들로 이삿짐 싸기는 더뎌질 수밖에 없었다.

다락 한쪽에 얌전히 있던 냄비며 양은솥에선 조카의 신접살림을 격려해주기 위해 멀리서 오셨던 시댁 숙모님들의 흐뭇해하시던 모습이 떠올랐다.

막 쓰기 좋은 플라스틱 제품에 밀려 좀처럼 찾지 않던 크고 작은 광주리며 소쿠리들. 싸리나무로 엮은 채반, 못 하나 쓰지 않고 테를 메운 채며 어레미를 싸노라면 지금은 텔레비전 시대극에서조차 보기 힘든 채 장수 아주머니 생각이 나기도 했다.

채와 어레미는 줄에 꿰어 어깨에 걸고 바구니 채반 등은 이고 지고 '채나 어레미 사려' 하던 낮으면서도 울림이 깊던 목소리와 그때 살던 동네 풍경까지 떠올라 잠시 그 시절의 향수에 젖기도 했다. 근대역사관 생활사 사진에 있을 것 같은 채 장수 아주머니는 멀리서 보면 마치 광주리와 채가 걸어가는 것 같았다.

이삿짐 싸기는 묵은 사진첩을 펼쳐보듯 추억을 회상하는 즐거운 작업이었다. 추억이란 슬프고 힘들었던 일들도 모두 아름답게 승화시키는 묘약 같은 것이어서 이삿짐을 싸노라면 마음이 감미로웠다.

이제 이사는 전문 용역회사의 일로 정착되었다. 초고층 아파트, 우리의 주거 환경도 천지가 개벽한 만큼 변했다. 누구나 할 수 있고 즐겁게 도와주고 도움을 받던 이사가 전문 영역으로 넘어갔다. 나는 식구들과 일가친지들이 모여 떠들썩하게 이삿짐을 싸던, 사람 냄새 물씬 나던 그때가 그립다.

지금 세대는 우리 세대가 미처 알지 못하는 그리움을 쌓아가고 있을 것이다. 우리는 추억거리에서도 세대 차이가 나는 세상을 살고 있다.

2장

낙엽 단상

지심도(只心島) 연가

차마 꿈엔들 잊힐 리야

두만강 푸른 물에

아름다운 착각

입원실 풍경

좌측 족관절 외부 복사 골절

예삐

달력 그림 소고

낙엽 단상

봄여름 내 열심히 해바라기를 한 훤칠한 벚나무는 벌써 잎을 다 떨어뜨려 가고 있었다. 일행 중 한 명이 예쁜 낙엽을 발견했는지 주워 책갈피에 넣었다. 모임에서 위령성월 일정으로 오륜대 순교자 성당과 순교자 성지를 참배키로 했을 때부터 헌 책을 한 권 가져가야겠다고 마음먹었다고 한다. 그 준비성을 부러워하며 간직할 데도 마땅찮은 나도 낙엽을 주웠다. 순색도 줍고 혼합색도 줍고 반점이 있는 것도 주웠다.

늦가을이 되면 연중행사처럼 곱게 물든 낙엽을 줍던 때가 있었다. 친구와 단풍 속을 거닐며 흠 하나 없는 온전한 모양에 샛노랗거나 새빨갛게 물든 단풍잎을 찾아서 아직 낙하하지도 않은 잎을 까치발을 하고 팔을 한껏 뻗어 따기도 했다. 꿈을 먹고 살던 순수한 시절이었다.

적록, 황록, 적황색의 단풍잎들이 마음에 와닿았다. 차마 남은 녹색을 말끔히 떨쳐내지 못한 연민이 어여뻤다. 단풍잎의 검은 반점은 잎이 생육할 때 생긴 상처의 흔적일 터. 그 치유를 위해 나무는 혼신의 힘을 다했을 것이다. 도중에 낙오하지 않고 곱게 물들어 조락의 시기까지 견뎌온 인내가 고마웠다. 단풍의 반점이 작품처럼 예뻤다.

장소와 계절 탓이었을까. 불현듯 김동인의 역사소설 『운현궁의 봄』 속 부대부인 민 씨가 떠올랐다. 흥선 대원군의 부인 민 씨가 천주교인이라는 대목에서 무척이나 놀라 안타까운 마음으로 그 부분을 천천히 다시 읽던 기억이 났다. 이전까지의 모든 질서와 제도와 가치관과의 결별이라니. 오죽했으면……. 유교가 지배하던 조선 사회에서, 그것은 죽음보다 더한 선택이었을 것이다. 동인도 부대부인 민 씨가 천주교인이었다는 사실에 얼마나 가슴을 저몄는지 소설 속 인물의 아픔이 그대로 내 가슴에 전이되어 깊이 각인되었다. 병인박해의 주역, 흥선 대원군의 부인이 천주교인이라니.

갈등의 인간사와는 관계없이 계절은 순환되었다. 연듯빛 봄이 오는가 싶더니 어느새 녹음이 지천인 여름이 되고, 단풍이 드나 했더니 금세 온통 붉게 물들었다가 훌훌 떨어져 대지로 회귀하는 나뭇잎들. 허허로운 나목들을 망연히 바라보던 어느 날, 부대부인 민 씨는 마음의 끈을 모두 내려놓기로 했을 것이다. 며느리와 시아버지, 아들과 아버지 간의 핏빛 난무한 권력 다툼에 그녀는 깊이 회의했을 것이다. 그것이 당시로써는 절대 가치였던 조상과 지아비에 대한 배신이라고 해도 어쩔 수 없었을 것이다. 막상 내려놓고 보니 그렇게 홀가분할 수가 없었을 것이다. 알았는지 몰랐는지 정치적 입지를 떠나 인간 흥선 대원군도 부대부인의 고뇌에 찬 선택에 만감이 교차했을 것이다. 어쩌면 그도 부인처럼 모든 것에서 놓여나고 싶었을지도 모른다. 오직 아들을 임금의 자리에 올려놓기 위해 갖은 모멸과 분노를 감내했던 지난 세월이 아니던가.

십일 월 중순인데 나무가 너무 추워 보였다. 외투라도 입혀주고 싶었다. 겨우 보자기 하나 펴놓은 것만큼 볕이 든 자리를 찾아 우리는 그 볕 자락에서 벗어나지 않으려고 밀착해서 계피 냄새, 대추 냄새 어우러진 알싸한 생강차를 나누어 마셨다. 하얀 종이컵 속 갈색 투명한 액체가 계절과 썩 잘 어울린다는 생각이 들었다. 두 손으로 종이컵을 감싸 손에 전달되는 온기를 즐기며 뜨거운 차를 훌훌 불어 마셨다. 우리는 서로의 하얀 입김과 금방이라도 콧물이 내비칠 것 같은 연분홍 코끝을 바라보며 미소를 지었다. 해사한 늦가을 햇살이 온몸에 퍼지는 것 같았다.

낙엽 사이로 난 보도블록 위가 방금 누가 쓸고 간 것처럼 깨끗했다. 복자성당 안에서는 바람도 얌전하게 부는지 블록 위에 단풍잎 하나 떨어져 있지 않았다. 새하얀 블록 길을 따라가니 안쪽 순교자 묘역으로 들어가는 입구와 맞닿았다. 묘역이 가을 햇살에 더없이 평화로워 보였다.

여고 수학여행 때, 오후 늦게 도착한 우리는 어둠 속에서 해인사 계곡의 장엄한 물소리를 들었다. 다음 날 아침, 계곡에 물보라가 어린 가야산의 단풍에 우리는 탄성을 질렀다. 때마침 단풍은 절정의 시기여서 산은 온통 느낌이 좋은 붉은색 천지였다. 온화하면서도 화려하고 역동적이고 환상적인 붉은색의 향연이었다. 드문드문 섞인 샛노란 단풍의 상승효과였을 것이다. 양적 열세에도 조금도 위축되지 않고 노란 제 빛깔을 빛내면서도 지천인 붉은색을 더욱 정감 넘치는 붉은색으로 채색게 한 대지의 색, 노란색. 문득 순교자를 색으로 표현한다면 노란색이 아닐까 하는 생각이 들었다.

복자성당 고즈넉한 뜰에 내려앉은 낙엽이 가슴에 와 닿았다. 우리의 생도 낙엽 같으면 좋겠다는 생각이 들었다. 수많은 날 내내 창밖에서 그 많은 미사를 지켜보았을 성전 옆 나무를 쓸어보는 것만으로도 마음에 평화가 스며드는 것 같았다. 포르르, 새 한 마리가 살짝 날아올랐다. 녀석이 너무 조용하다고 생각한 모양이었다.

지심도(只心島) 연가

도선은 떠나고 없었다. 조금은 아쉽고 허탈했다. 승용차 안의 시계가 12시 30분을 지날 때 이미 포기한 터였지만 그래도 혹시나 하는 희망을 걸고 있었다. 다음 배는 14시 30분에 있다고 했다.

지심도에서 먹으려던 점심을 장승포 등대 옆에 폈다. 통영 어시장에서 장을 본 생선회와 깻잎, 상추, 물미역 등과 각자 가져온 도시락을 펼쳐 놓았다. 일행의 막내 써니가 뷔페의 메밀국수처럼 예쁘게 말아 온 국수까지 있어 점심상은 내용도 모양도 최상급이었다. 배 시간에 맞추려고 일행 중 한 명까지 가세하여 회를 떴던 통영 어시장의 어설픈 생선 장수 젊은 아낙을 생각하고는 모두 유쾌하게 웃었다. 호떡집에 불이 난 것처럼 법석을 떨다 썰물처럼 빠져나간 우리. 지금쯤 그녀도 빙긋이 웃고 있을지도 모르겠다. 고향 삼천포에 대한 높은 자긍심과 고향이 가르쳐준 모든 것에 자부심을 가진 능금 아씨가 그녀의 손님이었다는 것이 그 아침의 문제라면 문제였다.

어시장 입구에서부터 앞장서서 보기만 해도 정갈한 생선 좌판을 죽 훑은 능금 아씨는 맨 안쪽 그 젊은 아낙의 조그만 고무 함지 앞에 멈추었다. 함지 안 물속에는 갓 잡아 온 듯 팔팔한 작은 생선 몇 마리가 신나게 물장구치고 있었다. '순 진짜 자연산' 베도라치. 생선 마니아 능금 아씨의 설명이었다. 이름도 처음 들어보는 생선이었다. 자기들을 알아보는 '순 진짜 자연산'이라는 한 마디에 기꺼이 희생하기로 했는지, 아니면 빙 둘러서서 내려다보는 관심에 신이 났는지 녀석들은 사방으로 물방울을 튕기며 재롱을 떨었다. 베도라치는 좀처럼 껍질이 벗겨지지 않았다. 아낙은 면장갑을 끼고도 미끄러워 녀석들을 넣어온 올이 굵은 거친 그물로 껍질을 힘껏 잡아당겼지만, 녀석들은 자꾸만 손아귀에서 빠져나갔다. 아낙은 서툰 자기의 솜씨가 민망하여 연신 겸연쩍은 웃음을 지었다. 12시 30분 배를 타야 한다는 우리의 말에 놀란 -그곳에서 장승포까지는 우리가 예상한 것보다 훨씬 먼 모양이었다. 옆 좌판 아주머니까지 부랴부랴 회 뜨는 것을 거들고, 다급해진 일행까지 소매를 걷고 거들었다.

생선회는 입안에서 뽀드득 소리가 날 만큼 오돌오돌

하고 상큼했다. 정겹고 맑은 통영 바다의 미역 위에 정화한 공기보다 더 깨끗한 장승포의 대기를 한 숟가락 넉넉히 깔고 베도라치 한 점, 그 위에 행복한 나들이의 즐거움을 고명으로 얹어 먹었다. 얼마나 열심히 먹었던지 풍성한 통영의 인심을 남길까 봐 걱정했던 물미역이 어느새 빈 봉지였다. 마주 보는 눈동자에 놀람과 익살이 가득했다. 그 많던 물미역을 언제 다 먹었을까.

배를 놓치지 않았다면 어찌 우리가 쪽빛 바닷물이 찰랑거리는 이 깨끗하고 아름다운 등대 곁에서 점심을 먹어보겠느냐며 배 놓친 것을 오히려 즐거워했다. 두 시간이 금세 지나갔다.

아직 바람이 차가울 음력 이월이었지만 우리의 봄나들이를 축복하듯 바람결도 순하고 신춘의 양광 또한 따스했다. 청정해역 장승포 바다의 물빛도 좋고, 저마다의 아이디가 근사한 써니, 포르지, 능금 아씨, 산 아가씨 등 일행도 정겨웠다.

지심도는 거제도 장승포항에서 3.8km, 뱃길로 15분 거리였다. 폭 500m 남북으로 길이 2km. 해군 시설물이 있는 가장 높은 곳이 겨우 해발 97m. 제주도나 거제도는 제쳐두고라도 일단 섬에 들어서면 섬인지 육지인지 애매한 그런 덩치 큰 섬이 아니고 사방 어디에서 보아도 섬임이 자명한 한 품에 드는 아담한 곳이었다. 폐교가 된 일운초등학교 지심 분교, 천주교 공소-소박한 나무 팻말 앞에서 목공 일을 하는 외국인 신부님의 모습이 영화 속 한 장면 같았다. 무슨 영화인가를 찍었다는 찻집의 그림 같은 울타리에 빼곡히 적힌 갖가지 소망과 연정을 담은 글귀들. 쓴 사람만 다를 뿐 사랑·건강·화목 등 하나같이 고만고만하게 소박한 희망들이었다. 우리는 그 글들을 하나하나 읽으며 조금만 재치 있는 구절이 보이면 일행을 불러 함께 재미있어했다. 탄약고와 포진지 등 한때는 살벌했을 시설물도 여윈 시멘트 뼈대로만 남아 아픈 과거사를 말없이 증언하고 있을 뿐이었다.

선장은 배가 섬에 닿기도 전부터 지심도 동백은 키가 커서 올려다보아야 꽃이 보인다고, 산책로를 따라 올라가면 꽃이 더 있을 거라고 '올려다볼 것'을 거듭 강조했다. 꽃이 한창때가 아니어서 미안하다는 말로 들렸다. 울창한 숲 그늘에 가려 양껏 햇빛을 받지 못한 꽃들이 핼쑥해 보였다. 계절이 일러서인지 잎 또한 침잠한 녹색이었다. 지심도 동백은 다소곳한 한국 종 모양 꽃이 통째로 떨어지는 재래종 일색이었다.

자지러질 듯한 웃음소리에 뒤돌아보았다. 타는 듯 빨갛고 도톰한 입술이 한눈에 들어왔다. 써니였다. 입술에 동백 꽃잎을 얼마나 절묘하게 붙였는지 영판 요염한 마릴린 먼로의 입술이었다. 포복절도할 듯 웃는 우리가 더 재미있는지 눈을 지그시 감고 몸을 외로 꼰 먼로의 전매특허 같은 포즈까지 취했다. 머리에는 동백꽃을 꽂고서.

나는 떨어진 꽃을 주워 오래도록 내려다보았다. 이렇듯 고운데 왜 서둘러서 떨어졌을까. 절정의 순간에 떨어지기란 얼마나 어려울까. 꽃은 속에 소복한 금빛 수술이 투영된 듯 잉걸불빛이었다. 얼마나 한 내공인지 꽃빛이 깊고도 온화했다.

산책로를 따라 섬을 도는 동안 내내 '이녹 아든' 생각으로 마음은 애잔하면서도 감미로웠다. 순수의 시절 밤새워 읽던 이녹의 불행과 숭고한 사랑에 가슴 저미던 기억이 희미하게 떠올랐다. 꿈 많던 그 시절 후 언제 잊었는지도 모르게 까맣게 잊힌 그 긴 시가 불현듯 생각나다니.

지심도(只心島), 다만 지, 마음 심. 다만 마음. 그 울림이 깊고도 그윽했다.

차마 꿈엔들 잊힐 리야

그날의 일정은 월북했거나 납북으로 판명된 벽초 홍명희 선생과 정지용 시인 두 분의 생가 답사였다.

충청북도 괴산군 괴산읍 제월리. 해금된 지 얼마 안 된 벽초 선생의 고택은 폐가 같은 느낌이었다. 앞마당의 목련 나무는 기다림에 지친 듯 산발한 채 위로만 뻗어 있었다. 행여나 누가 찾아올까 쭉 뺀 목처럼. 한여름 땡볕 아래서도 집 전체가 괴괴하고 어두운 느낌이었다. 햇빛도 외면한 듯한 빈집은 소외가 얼마나 시린지 나무는 피폐했고 함부로 자란 잡초 덤불 속에 모기떼만 앵앵거렸다. 한 회원이 보기에도 꺼려지는 잡초 덤불 너머로 들어가더니 한참 만에 푸른빛이 도는 작은 배 하나를 들고나오며 정원이 넓다고 했다. 갑자기 밝고 많은 사람 앞으로 나온 작은 배가 오소소 움츠리는 것 같았다. 폐가의 뜰에서 맺은 열매가 안쓰러우면서도 대견했다.

현장에서 선생에 관한 이야기를 들려주고 싶은 강사

는 집의 내력과 선생의 행적을 애써 이어갔다. 극성스러운 모기떼에 집중하기 힘들었던 회원들은 설명이 끝나자마자 도망치듯 집에서 뛰쳐나왔다. 힘들기는 마찬가지였을 강사는 그의 역작 대하소설 『임꺽정』에 대해서도 말하고 싶어 했지만 우리는 그 이상 버틸 수가 없었다.

집의 바깥은 폐허 같았지만 건물 내부는 깨끗했다. 막연히 격조 높은 전통 한옥일 것이라고 여겼던 예상과 달랐다. 마루엔 유리 미닫이문이 설치되어 있었고 바닥엔 양탄자가 깔려 있었다. 어른 키 높이의 중후한 기둥시계, 탁자를 사이에 두고 마주 놓인 안락의자들. 탁자 위엔 자개로 세공된 담배합과 멋진 마도로스파이프가 주인을 기다리고 있는 듯했다.

벽초 홍명희는 6·25 이전, 1948년 백범 김구 선생 등과 남북 회의에 참석차 평양에 갔다가 잔류했다. 그는 북한의 요직을 두루 거치고 1968년 팔십일 세에 사망했다. 여우도 죽을 때가 되면 제가 살던 쪽으로 머리를 둔다는데 그는 향수를 어떻게 달랬을까. 이념은 그리움이란 인간의 근원적인 정서마저 초월했을까. 북한 잔류 당시 1888년생인 그의 나이를 곱아 본다.

충청북도 옥천읍 하계리. 읊을수록 정겨운 한 폭의 수채화 같은 시, <향수>의 작가 정지용 시인의 생가는 그가 해금되자마자 바로 지은 듯 지붕을 이은 연노란색 볏짚이 윤이 나는 듯한 새집이었다. 흙담, 낮은 마루, 낮에도 어둑한 부엌 등. 그 시대 일반적인 초가 형태였다. 우물, 부엌 안 살강, 농기구, 돌절구 등등. 어릴 적 외가에 간 것처럼 정겨웠다. 뒤꼍 담 밑에는 비비추, 맨드라미, 과꽃 등 소박한 초화를 심어 초가의 정취를 더했다. 탁 트인 들과 한길을 바라보며 마음속으로 <향수>에 나오는 정경들을 그려보았다. 어디선가 '얼룩백이 황소'의 '금빛 게으른 울음소리'가 들리는 듯했고 '그곳이 차마 꿈엔들 잊힐 리야' 하는 절절한 시의 후렴구가 메아리치는 듯했다.

지용은 6.25 동족상잔의 전쟁 와중에 월북 또는 납북되고 그 소용돌이 속에 행방불명이 되어 사망한 것으로 추정한다. 연합군의 제2차 세계대전의 승리로, 순전히 남의 힘으로 얻은 광복. 국권을 박탈당했던 삼십오 년간이란 긴 식민 치하의 치욕을 성찰하고 다시는 국가 존립을 위태롭게 하는 일이 일어나지 않도록 다지기도 전에 터진 동족상잔. 그 소용돌이 속의 죽음. 1902년생 인 시인의 삶을 반추해 본다.

지용의 시 <향수>를 읊조리면 가슴 가득 그리움이 괸다. 고향이 얼마나 애틋했으면 이렇게 아름다운 시를 다 썼을까. 대중가요 작곡가 김희갑이 일 년여 고심 끝에 곡을 붙인, 테너 박인수와 대중가수 이동원이 함께 부른 노래 향수가 맴돈다. 테너의 소리가 감미롭고 가수의 소리가 친근하게 다가온다. 박인수는 이 일로 성악가가 대중가수와 노래를 불러 클래식 음악을 모독했다고 하여 국립오페라단에서 제명되었다고 한다. 박인수의 용기가 새삼 놀랍다. 1989년, 그때는 그랬다.

농경사회에선 생가와 고향이 대개 동일했다. 조부가 태어나서 살던 곳이고 자신과 형제자매가 태어나 자란 곳이고 또 그들의 아들딸들이 그러할 곳이었다.

문득 남편의 고향 생각이 난다. 성묘 때마다 둘째 시숙은 멀리 오래된 학교를 가리키며 남편이 다닌 초등학교라고 일러주었다. 어느 산길, 들길을 돌아 학교에 다녔으며 그 길에서 있었던 일들을 회상하는 음성에 유년의 향수가 그득했다. 남편은 풀이 무성한 곳을 가리키며 옛 집터라고 했다. 집이 앉았던 방향이며 장죽을 문, 뵌 적조차 없는 시조모의 얘기며 집 뒤 대숲에 불던 바람 소리까지 들추었다. 정월 대보름날 이른 아침 건너편 집 형 이름을 불러 그 형이 대답하면 "내 여름 다 사가소" 하고 소리쳤다는 대보름 '여름 팔기' 풍속을 말할 때는 여름 더위를 먼저 팔았다는 익살과 자랑이 깃들어 있는 듯했다. 고향은 마르지 않는 그리움의 샘 같았다.

아이들이 어렸을 땐 부산 사는 모든 친척이 다 모여 대형버스로 함께 성묘하러 갔다. 버스는 맨 뒤 좌석까지 만석이었다. 가고 오는 버스 안에서 처음에는 서먹서먹해하던 아이들은 금방 친해졌다. 서로 장난치고 처음 본 사이끼리에도 무슨 이야기가 그렇게 많은지 얘기가 그치지 않았다. 이듬해 누가 안 보이기라도 하면 저희끼리 안부를 물었다. 바라보는 어른들도 흐뭇했다. 버스 안은 벌써 반은 고향이었다.

두만강 푸른 물에

두만강, 그 강가에 섰다. 강물은 푸르지도 않았고, 넓지도 않았다. 물결도 넘실대지 않았다. 장화를 신고 강가에서 낚싯대를 드리우고 있는 강태공의 자세로 보아 수심도 그리 깊지 않은 듯했다. 연한 잿빛 물결이 조는 듯 잔잔한 강엔 저만치 준설선인 듯한 낡은 배 한 척만 떠 있었다. 사공은 쉬는 중인지 배는 움직이는 것 같지도 않았다. 그래도 유장하긴 했다.

두만강을 사이에 두고 북한과 마주 보고 있는 작은 도시 도문에 도착한 것은 정오가 조금 지나서였다. 관광버스는 중국과 북한을 잇는 도문대교 바로 앞에 우리 일행을 내려주었다. 조선족 현지 안내인은 도문대교 난간과 바닥 판이 접한 바깥쪽, 다리 이쪽 끝에서 저쪽 끝까지 죽 칠해진 붉은색과 파란색 띠를 가리켰다. 띠의 길이는 똑같고 두 색이 만나는 지점이 중국과 북한, 두 나라의 국경이라고 했다. 붉은색 페인트가 칠해진 곳까지가 중국의 영토이니 절대로 그 경계를 넘어선 안 된다고 거듭 강조했다. 중국의 오성홍기 바탕이 온통 붉은색인 것과 북한의 인공기 가장자리 청색이 떠올랐다. 경계를 넘는 순간 어디서 총알이 날아올지 모른다고 잔뜩 겁을 주었다. 무시무시한 경고와는 달리 국경 지점엔 자그마한 초소 하나만 달랑 서 있었다.

다음으로 도문대교에서 오른쪽으로 꽤 떨어진 곳에 있는 철교를 가리켰다. 거기에는 흰색과 검은색이 반반씩 칠해져 있었다. 북한의 나진, 선봉에서 중국을 잇는 철로 교량이라고 했다. 이 또한 두 색이 만나는 지점이 국경이라고 했다. 강 위에 철교를 가설하여 두 나라를 연결하고 그 위에 철도를 놓아 기차가 다니고…….

어릴 적 빈터에 금을 긋고 이쪽은 우리 땅, 그쪽은 너희 땅 했던 것처럼 그 얼마나 의좋은 국경인가. 저절로 미소가 어리는 그 광경에 '공동경비구역'이란 그림 하나가 떠오르며 명치를 둔중하게 쳤다.

유럽 여행을 처음 다녀온 이들은 대개 인접국과의 국경을 차에서 내리지도 않고 넘더라고 비밀을 말하듯 은밀하게 또는 감탄해서 말했다. 베르사유 궁전보다 콜로세움보다 융프라우보다 국경의 자유로운 드나듦을 첫 번째 감동으로 꼽았다. 조국의 분단에 대한 어쩔 수 없는 연민일 터였다.

가이드는 절대로 강둑 아래로 내려가선 안 된다는 금지사항을 하나 더 추가하고 나서 남은 오후 시간은 자유라고 했다. 몇이서 도문대교 입구에서 철교까지 가보기로 했다. 한 떼의 소년들이 잠자리채를 어깨에 메고 맞은편에서 오고 있었다. 햇볕에 검게 탄 얼굴, 소박한 옷차림, 지난 시절 많이 본 우리들의 모습이었다. 그래도 아이들은 활기가 있었다. 말을 거니 스스럼없이 대답했다. 빈약한 나무 그늘 아래엔 나이가 지긋해 보이는 남자들이 삼삼오오 둘러앉아 카드놀이를 하고 있었다. 열중해 있는 듯한 데도 활기가 없었다. 할머니들은 손자들을 곁에 두고 뜻밖에도 말판 놀이를 하고 있었다. 다들 놀이를 하고 있었지만, 말소리는 별로 들리지 않았다. 여럿이 모였다 하면 웃고 떠드는 우리네 정서와 다른 것 같았다. 사람의 성정은 환경의 영향을 받는다더니 겨울이면 엄청 춥다는 자연환경 탓일까, 체제의 영향일까. 지나치게 과묵했다. 낡은 입성만큼이나 무덤덤한 일상인 듯했다.

절대로 내려가선 안 된다는 강가엔 데이트 중인 듯한 젊은 남녀 한 쌍과 몇 명의 소년들이 보였다. 우리들의 눈빛이 마주쳤다. 내려가 보자. 누가 먼저랄 것도 없는 이심전심이었다. 용기를 내어 내려가는 길을 물었다. 바로 곁에서 우리들의 대화를 듣고 있던 할머니들이 괜찮다며 친절히 길을 가르쳐 주었다. 말을 걸어 준 것이 무척 반가운 듯했다. 말없이 말판 위 돌만 이리저리 옮기던 분들이 아니었다. 무엇이 그분들을 그토록 무뚝뚝하게 했을까. 현지 가이드는 혹시라도 생길지 모를 만약의 사태에 대비하여 엄포를 놓은 모양이었다.

아까부터 두만강이 우리를 손짓하고 있었다. 용정에서 태어났다는 한 친구는 벌써 "어릴 때 우리 엄마가 6·25 때 나를 업고 두만강을 건너느라 하도 고생했다고 해서 엄청난 줄 알았더니 건널만하네"를 되풀이하며 실눈을 하고 웃었다. 갑작스러운 난리로 어린것을 업고 한밤중에 강을 건너야 했던 젊은 엄마의 황망했음이 상상되었다.

질퍽한 강가엔 어쩌다 생각이 난 듯 쇠비름꽃을 닮은 노란 들꽃이 간혹 피어있을 뿐 온통 풀밭이었다. 낚시꾼의 낚싯대엔 고기가 무는 것 같지도 않았다. 나는 잡초 사이를 흘러 두만강에 이르는 물줄기에 손을 씻었다. 친정아버지, 시아버지가 용정 대성중학교 동기인 두 친구는 두만강 강물에 발을 담그고 서로 물을 튕기며 방긋 웃었다. 감회가 남달랐을 것이다.

얘, 너희들 국경을 넘었다, 큰일 났다고 내가 소리쳤다. 둘은 얼마나 놀랐는지 신도 제대로 신지 못하고 도망갈 채비를 했다. 도문대교의 붉은 띠와 파란 띠가 만나는 지점을 가리키며 지그시 눈을 감고 강물 위를 측량하는 듯한 내 시늉을 보고는 파안대소했다. 나도 따라 소리 높여 웃었다. 마음속에 걸려 있는 지구상에 하나뿐이라는 공동경비구역을 떨쳐버리려는 듯. 한적한 강가에 우리들의 웃음소리가 멀리 퍼져나갔다.

우리가 아니라면 그곳은 귀중한 해외여행의 한나절을 할애할 만큼 대단한 관광지가 아니었을 것이다. 우리가 아니라면 소박한 국경 표시에 이다지도 가슴이 저리지 않을 것이다. 강 건너 북한 땅이 유난히 붉게 보였다. 땅에도 혈관이 있는 듯했다.

버스를 타고 올 때 거리의 간판들은 한글 또는 커다란 한글 밑에 작은 한자가 적혀 있는 형태였고 아이들과 할머니들과 나눈 대화도 우리말이었다. 그곳은 조선족 자치구였고, 그들은 조선족이었다. 자치구란 뜻에 익숙하지 못한 나는 자꾸만 그 모습들이 밟혀 마음이 착잡했다.

통일의 그 날, 부산에서 기차를 타고 두만강을 가로지른 저 철도 교량을 지나 대륙을 여행하는 꿈을 꾸어 보았다. 두만강 강가에서.

아름다운 착각

"선생님, 복지관에서 무슨 연락받았습니까? 지금 복지관 앞인데 문이 잠겼어요. 밀어도 당겨도 안 열립니다. 사무실 직원도 보이지 않고." 한글 교실 K님 전화였다.

헉, 나는 반사적으로 베란다 밖을 쳐다보고, 휴대전화에 찍힌 시각을 보았다. 9시 23분. 하마터면 전화기를 떨어뜨릴 뻔했다.

유월 말, 하지가 지난 지 며칠 안 된 때치고는 밖이 많이 어두웠다. 흐린 날씨 탓인 모양이었다. 아무튼 아침으로 착각할 요소는 어디에도 없었다.

복지관 인근에 사는 L님께 전화를 걸었다.

"안녕하세요, L어머님. 방금 K어머님께서 전화가 왔는데 복지관 앞이시래요. 근데 복지관 문이 잠겼다고, 도무지 열리지 않는다고 하세요. 오늘은 일요일이고 K어머님께선 오전에 교회에 다녀오지 않으셨느냐고, 지금은 밤 아홉 시가 넘었다고 말씀드려도 제 말뜻을 이해하지 못하시는 것 같아요. 죄송하지만 어머님께서 복지관 앞으로 가셔서 K어머님 좀 만나 봬 주시겠습니까."

K님께 차마 아침 아홉 시가 아닌, 밤 아홉 시가 지난 시각이라고 구체적으로 말하기가 어려웠다. 복지관 수업 시작 시각은 오전 열 시다.

"예에? 예. 저희 집에서 복지관 현관이 훤히 보이는데 K어머님 안 보여요. 그 앞에 아무도 없어요. 금방 가보고 연락드릴게요."

처음엔 무슨 말인지 이해를 못 하시는 것 같더니 금세 사태 파악이 된 모양이었다.

내 전화를 받았다는 것은 숨길 것을 부탁했다. 혹시라도 자신의 실수에 지나친 의미를 부여하실까 봐 하는 걱정에서였다.

K님은 1935년생이다. 수강생 중 두 번째 연장자다. 어쩌다 살아온 얘기를 할 때면 "고생고생 말도 마라"시며 손사래 치는 모습마저 귀여운 분이다. 35년생에게 귀엽다는 표현은 무례하고 어울리지 않는다고 생각할 것이다. 그러나 그분을 뵈면 내 표현을 이해할 것이다. 간혹 때늦은 배움을 안타까워하나 언제나 밝고 명랑한 분이다.

기다리던 전화가 왔다. 얼마나 마음을 졸였는지 몇 시간이 흐른 것 같았다.

L님은 밤이라 복지관으로 가는 문이 모두 잠겨 있어 복지관 현관까지 가려면 건물을 빙 돌아서 가야 한다는 데 생각이 미쳤다. K님을 놓칠 수도 있겠다는 생각이 들어 먼저 전화부터 걸었다고 했다.

"형님, 어디십니까."

"아이고 이기 누고. 와? 선생님한테서 전화 왔제?"

"아이라예. 형님 동네 운동하러 왔다가 생각이 나서 예."

궁하면 통한다더니 적당한 대답이 저절로 나오더라고 했다.

"지금 파출소 앞을 지나고 있다."

"아이구 형님, 온 김에 한 번 뵈려 했더니 여기서 머네예. 내일 뵐게요. 조심해서 들어가이소."

L님은 얘기를 전하며 걱정 안 해도 되겠더라는 말을 덧붙였다. L님은 1938년생이다. 복지관에서 일손이 부족하다는 연락이 오면 언제나 솔선수범하는 분이다.

다음 날 아침, 조심스럽게 교실 문을 미니 안이 떠들썩했다. K님이 간밤의 착각을 실토한 모양이었다. 님은 만면에 웃음을 띤 채 서 있고, 한 분은 놀리고 있었고 다른 분들은 옆 사람과 이야기꽃을 피우고 있었다.

어쩌면 저마다의 비슷한 실수를 반추하지 않았을까. 내 실수를 남이라는 거울을 통해 보면 어찌 그리 우습고 재미있던지. 짜인 일상에서의 일탈은 지나고 나면 다 유쾌했다. 순간 묵직한 걱정 덩이가 내 마음에서 스르르 빠져나가는 것을 느낄 수 있었다. 나는 L님과 눈빛으로 웃었다.

나는 K님이 자신의 착각을 감출 줄로 예상했다. 뭐라고 위로하지. 교실 문을 미는 순간까지도 그 생각으로 마음이 무거웠다. K님도 그 얘기를 하는데 용기가 필요하지 않았을까. 자신의 착각을 자진하여 토로한 정공법에 내심 놀랐다. 말하는 순간 착각에 의한 마음의 짐에서 벗어날 수 있었을 것이다. K님 다운 면모였다.

일요일, 교회를 다녀온 K님은 겹친 피로를 풀기 위해 자리에 들었다. 잠깐 눈을 붙일 생각이었다. 오래 잘 작정은 아니었다. 잠에서 깨자 습관적으로 시계를 보았다. 복지관 갈 시간이 지나 있었다. 아이쿠, 생각해 볼 겨를도 없이 가방을 들고 서둘러 집을 나섰다. 정류소 의자에 앉아 버스를 기다리며 '비가 오려나, 날이 어둡네' 했다 한다. 총총 있는 가로등이 밝아 밤일 것이라고는 상상도 못하신 모양이었다.

K님이 자연스럽게 곁으로 오시더니 귀엣말로 치매의 전조증상인 줄 알고 덜컥 겁이 나더라고 속마음을 비쳤다. 님의 전화에 그토록 놀랐던 내 마음도 혹시라도 하는 그 걱정 때문이었다. 언제나 웃는 눈매에 두려움이 서려 있었다. 연치가 그쯤 쌓이면 그런 경우 누구라도 그 점에서 완전히 자유로울 수는 없을 것이다.

나는 나도 그런 적 있었고, 다른 어머니들도 다 그 비슷한 경험이 있었을 거라고. 그래서 저렇게 재미있어하고 있는 것이라고. 오랜만에 푹 주무셨으므로 쌓인 피로가 말끔히 가셔서 오히려 건강에 도움이 되었을 거라고 위로했다. 후덕하고 활달한 K님은 평소 만남이 매우 많았다. 우리는 만남을 좀 줄이시라고, 그러다가 큰일 날 것이라고 걱정해 온 터였다.

불현듯 유년 시절이 떠올랐다. 어느 늦잠 잔 일요일 아침. 나는 지각이라고, 큰일 났다고 왜 일찍 깨워주지 않았느냐고 울며 어머니께 떼를 썼다. 어머니께서 말릴 새도 없었다. 눈물 콧물 범벅이 되어 책보를 찾는 나를 미소 띠고 바라보셨을 어머니, 선하다.

가쁜 숨을 몰아쉬며 다다른 운동장은 뜻밖에도 텅 비어 있었다. 아이들로 북적이던 운동장의 정적은 새롭고 낯설어 서늘했다. 그때쯤 일요일인 것을 깨닫고 바로 집으로 돌아가련만 나는 빈 운동장 가에 서서 어린 명상가가 되었다. 아하, 운동장도 일요일엔 늦잠을 자는구나. 멀리 반대편 가장자리에서부터 스멀스멀 운동장의 일상이 되살아나는 것 같았다.

착각을 깨닫고 실소하며 되돌아가는 길. 가로등 불빛과 줄을 이어 달리는 차들의 전조등 불빛을 보며 K님은 무슨 생각을 하셨을까.

문해 교실 다니는 일에 얼마나 골몰하셨으면……. 나는 K님의 착각에 '아름다운'이란 수식어를 붙여주고 싶다. 아름다운 착각. 평균 연치 칠십 대 중반인 교실엔 늘 놀랍도록 활기가 넘친다. 배움에 대한 예의인 듯 하나같이 정갈하고 곱게 차리셨다. 교실 풍경이 봄날 꽃밭 같다.

입원실 풍경

입원실에도 아침이 밝았다. 벽면을 따라 총총 병상이 여덟 개. 맨 안쪽 병상의 집이 용원인 용원 씨는 벌써 세수하고 왔다. 오른쪽 어깨에서 배 쪽으로 찬 보장구 때문에 잠자리도 불편했을 텐데 커다란 눈을 장난꾸러기처럼 깜빡이며 활짝 웃는 얼굴로 아침 인사를 한다. 그러고는 간밤에 잘 잤는지 불편한 곳은 없는지 간호사처럼 같은 병실 환자들을 문안한다. 그녀는 오른쪽 회전근개가 파열되어 수술받은, 딸 또래의, 입원실에서 가장 젊은 환자다.

먼저 왼쪽 병상의, 양쪽 무릎에 인공관절 수술을 받은 거창에서 온 거창 님을 문안하고, 다음으로 엊그제 입원한 봉화에서 온 봉화 님을 문안한다. 여든넷, 봉화 님은 미끄러질 때 고관절에 금이 가서 움직이지 않는 것이 최선의 치료책이다. 경북 봉화, 가본 적은 없지만 강원도와 가깝다는 곳. 서울이 더 가까울 텐데 자녀들이 부산에 있어 이 먼 부산까지 오셨다. 연세도 높고, 집도 멀어 소외감을 느끼실까 걱정인 우리를 대신하듯 용원 씨는 그분께 손녀처럼 살갑게 군다.

농사짓던 분께 가만히 있으란 처방은 고역 중의 고역일 터. 움직이지 않는다고 신진대사도 멈추는 것이 아니어서 변의를 느낄 때마다 "에고, 세상에!"를 연발하시며 병상에서 내려오려고 한다. 그 모습이 아이처럼 소녀처럼 귀여우시다. 우리는 이구동성으로 의사 선생님께서 "절대로 움직여선 안 된다고 하셨잖아요" 하며 만류한다. 더는 미룰 수 없는 눈치여서 대신 호출 벨을 눌러드린다. 간병인이 뛰어온다. 우리가 있는 방은 공동 간병인 병실이다. 우리는 봉화 님의 변의를 전달한다. 잘못 들었는지 간병인이 대뜸 휠체어를 봉화 님의 병상 옆에 바싹 갖다 붙인다. 놀란 우리가 병세와 의사의 지시를 전달하지만 듣지 않고 간호사실로 뛰어간다. 간병인 보기에 수술받지 않은 봉화 님의 상태가 너무 좋아 보인 모양이다. 갔다 와서는 이보다 더 심해도 화장실 가는데 무슨 엄살이냐는 듯 어서 휠체어에 타라고 채근한다. 어리둥절한 봉화 님이 간신히 등을 세우고 병상에서 내려서려는데 간호사가 뛰어온다. 확인한 모양이다. 일촉즉발, 어이없는 의료사고가 날 뻔했다.

간병인은 변기를 밀어 넣으며 앙앙불락이다. 아기도

아닌 어른의 변, 얼마나 피하고 싶으랴. 이해는 간다. 하지만 자신의 배설을 남에게 의존하고 싶은 사람은 세상에 아무도 없다. 은밀히 처리하는, 지극히 사적인 그 일을 남에게 의존하는 순간부터 그이의 자존감은 여지없이 무너질 것이기 때문이다. 사람의 마음속에는 사적인, 지극히 내밀한 일은 절대로 남에게 보이고 싶지 않은 수치심이나 결벽증 같은 것이 있다. 간병인이여, 그대 또한 그렇지 아니한가.

봉화 님은 집에 있을 땐 동무 삼아 내내 텔레비전을 켜놓는다더니 그 학습 효과인지 벽촌의 노인답지 않게 사용하는 어휘가 전혀 세태에 뒤떨어지지 않는다. 용원 씨는 때로는 익살스러운 표정으로, 때로는 정이 뚝뚝 흐르는 음성으로 "할머니 젊으셨을 때 참 예뻤겠어예" 하며 봉화 님을 위로한다. 봉화 님은 "새댁은 장사하면 돈을 참 많이 벌겠다"라고 화답한다. 짧은 덕담 속에 친절, 겸손, 성실 같은 인간이 지녀야 할 덕목이 모두 들어 있다.

양쪽 무릎에 인공관절 수술을 받은, 집이 토성동인 토성 님이 입맛이 없어 도저히 밥이 넘어가지 않는다며 "팥칼국수를 먹으면 좀 내려가려나"하고 혼잣말을 한다. 용원 씨가 금세 휴대전화로 검색하더니 가게의 위치, 가격, 배달 여부까지 묻는다. 배달은 안 된다고 한다며 토성 님을 본다. 토성 님이 미소 띤 얼굴로 고개를 끄덕이자 바로 주문을 하고 가지러 갈 채비를 한다.

동네 여자 축구부의 주장이라는 용원 씨에게 축구부원들이 병문안을 왔다. "언니가 없으니 축구가 하나도 재미없다"라고 응석 부리듯 말하고, 누가 어쩌고저쩌고 하며 마치 아이가 엄마에게 이르듯 한다. 말하는 축구부원들이나 듣는 주장이나 오순도순하기가 정겹기 그지없다. 에너지원 같은 그녀가 없는, 밍밍한 축구부 상황이 연상되어 슬며시 웃음이 난다. 나는 축구하는 사람이 어쩌다 다리가 아닌 회전근개가 파열됐느냐며 웃고 그녀도 맞장구치며 웃는다.

인공 무릎관절은 들어봤어도 회전근개는 처음 듣는다. 회전근개는 양어깨에 위치하며 인체에서 유일하게 360도 회전이 되는 부위여서 그렇게 부른다고 한다. 척추 시술을 받은 분이 퇴원한 병상에 회전근개를 수술받은 분이 새로 왔다. 장구를 친다기에 농담 삼아 너무 신나게 장구를 친 게 아니냐고 하니 그렇다고 하여 놀란다. 한창 신명이 오를 땐 조심해야지 하는 마음도 소용

없더라며 웃는다.

한쪽 무릎에만 인공관절을 수술받은, 민주공원 부근에 산다는 민주 님이 쇼크로 식물인간이 될 뻔한 막내아들을 회생시킨 일을 민주열사처럼 웅변한다. 여자의 몸으로 억센 남자들의 세계인 공동어시장의 중매인을 하셨다는 민주 님에게선 거친 파도와 드넓은 바다의 기상이 느껴진다. 어머니의 병문안 온 막내 아드님이 준수하다.

함안군 안의면 면사무소에 불이 나 호적대장이 타버려 부랴부랴 호적대장을 새로 만들면서 착오가 생겨 언니가 동생이 되고 동생이 언니가 된 거창 님의 사연은 예전 어디선가 들어본 듯하다. 호적을 바로잡으려고 이웃의 증언과 회갑연 사진(국민학교 졸업 앨범이 없어)을 갖고 지원과 지방법원을 바쁘게 오간 이야기에 웃을 수만은 없다. 그것은 그대로 광복과 전쟁의 소용돌이 속을 살아온 우리 시대의 서사였기 때문이다. 만 65세가 넘어서도 경로 우대 적용을 못 받고 일반 병원비를 낼 때가 제일 아쉽더라는 말씀에 그때서야 실감이 났다. 병문안 온 호적상의 언니이자 여섯 살이나 적은 꼭 닮은 동생분을 보며 젊은 거창 님을 보는 듯하여 우리끼리 마주 보며 웃는다. 세 자매가 엇바뀌어서 나이 차이가 크다고 한다.

척추 시술을 받은 분은 은연중 자신이 병실에서 가장 경증이라는 자부심을 갖고 있고 인공관절 수술을 받으려고 사천에서 온 분은 말수가 적으면서도 후덕한 인상에 속이 깊다. 뜻하지 않게 발목 골절을 입은 나도 재밌고 따뜻한 병실 분위기에 우울증에서 벗어난다.

여덟 명이나 되는, 이전까지는 생판 모르던 사람들이 적게는 이 주간에서 한 달여를 정형외과적 수술이란 인연으로 함께 보내는 입원실엔 온갖 사람 사는 이야기가 다 있다. 누군가 입원실 중에서 새 생명이 태어나는 산부인과 입원실이 가장 분위기가 밝고 다음으로 시간이 가면 좋아질 것이란 희망이 있는 정형외과 입원실이라더니 정말 그런 것 같다. 매일매일 나눔을 실천하는 용원 씨 같은 환자가 있어 우리 방 분위기는 산부인과 입원실 못지않게 희망차고 화기애애했다.

좌측 족관절 외부 복사 골절

문득 예전 한집에 살던 현주 어머니와 수돗가에서 나누었던 대화가 떠오른다. 만약에 팔과 다리 중 한쪽을 다쳐야 한다면 어느 쪽을 다치는 것이 더 나을까 하는 아주 유치한 대화였다. 아마 가까운 지인 중 한 분은 팔, 다른 한 분은 다리가 골절되어 매우 어려운 처지에 있었던 것으로 기억된다. 둘이서 온갖 경우의 예를 다 들다 언제나 그랬듯 지혜로운 현주 어머니가 먼저 결론을 내렸다. 일단 다리가 성해야 잘한다는 곳을 마음대로 가볼 수 있지 않겠느냐고 했다. 곧 나도 동의했다.

길 아래서 올라오는 전동 휠체어를 발견하고 얼른 몸을 피해야겠다 싶어 재빨리 옹벽 쪽으로 붙였다. 순간 배수로 쇠 간살에 한쪽 발이 미끈하더니 그만 털썩 주저앉고 말았다. 발목에 심한 통증이 일었다.

병원에 갔더니 좌측 족관절 외부 복사 골절이라고 했다. 수술대 위에 누웠다. 느닷없이 오랜 병석에 계시다 돌아가신 어머니 생각이 났다. 병석의 어머니는 가냘픈 미소를 지으며 리어카에 연탄을 잔뜩 싣고 구슬땀을 흘리며 배달하던 젊은 부부를 세상에서 제일 부럽다고 하셨다. 탄가루 묻은 손으로 땀을 훔쳐 검게 된 얼굴에 두 눈만 반짝거리던 그분들을. 그 말씀이 떠오르며 가슴을 쳤다. 그때는 어머니의 심정을 조금은 헤아렸다고 생각했는데 막상 나 자신이 움직일 수 없는 처지가 되고 보니 내가 과연 어머니의 마음을 제대로 헤아리기나 했을까 하는 자책감이 들었다. 당시의 어머니에 비하면 나는 겨우 발목을 수술받았을 뿐이었다.

마취에서 깨니 수술이 끝났다고 했다. 수술받은 발은 절대로 디뎌선 안 된다는, 형벌 같은 금지령이 내려졌다. 그때까지 나는 나의 수술이 무엇을 뜻하는지 몰랐다. 나는 골절이란 전쟁이나 대형 참사의 현장에서나 발생하는 것쯤으로 여기고 있었던 거였다. 모든 이동에 휠체어를 타야 했다. 식판을 내놓거나 얼음찜질 팩을 냉동실에서 꺼내오거나 갖다 넣는, 사소한 일도 남의 도움을 받아야 했다. 발을 딛지 말아야 한다는 것은 손도 봉쇄된 것과 거의 같았다.

무릎에 인공관절을 수술받은 환자들은 꺾기 치료를 받기 전에 진통제를 주사 맞고도 치료 후에는 깊은 신음을 토해냈다. 듣기만 해도 진땀이 났다. 하지만 수술

후 이삼일만 지나면 보조기구나 링거 걸이를 밀며 걷는 연습을 하는 것이 몹시 부러웠다. 나는 걸어 다니는 모든 환자가 다 부러웠다. 그중에서도 깁스한 한쪽 손을 들고 팔랑팔랑 다니는 환자가 제일 부러웠다.

깁스를 제거한 날 의사는 발목을 오래 고정하고 있었으니 까닥까닥 발목 운동을 하라고 했다. 빨리 회복하고 싶은 마음에 갑자기 운동량이 많다고 생각하면서도 적당한 선에서 멈추지 못했다. 그날 밤, 잠자던 관절이 얼마나 놀랐는지 발이 붓고 욱신거렸다. 애써 자리 잡아가던 수술이 잘못됐을까 봐 덜컥 겁이 났다. 운동을 하면서도 과유불급을 걱정하지 않은 것은 아니었지만 마음이 제어되지 않았다.

발이 우리 몸을 지탱한다는 뜻에서 식물의 뿌리와 비교해 본다. 우리는 흔히 나무를 말할 때 높이, 잎, 꽃, 열매 등 외형에 대하여 말한다. 또 얼마나 수려하고 시원한 그늘을 만들고, 유익한지를. 뿌리에 대해서는 언급하지 않는다. 뿌리의 존재나 역할을 몰라서가 아니다. 단지 지표 밑에 있어 보이지 않기 때문일 것이다.

사람을 말할 때도 주로 외모, 학벌, 사회적 지위, 재산 등 외적인 것에 대하여 말한다. 과문해서인지 섬섬

옥수는 들어봤어도 발을 예찬하는 말은 들어보지 못한 듯하다. 발에 관해서는 곧잘 생략한다. 발의 중요성을 몰라서가 아니다. 다만 몸의 맨 아래에 있어 눈에 잘 띄지 않기 때문일 것이다.

땅 위에 드러난 식물의 잎줄기와 땅속에 내린 뿌리의 생체량(生體量)의 규모가 거의 맞먹는다는 기사를 읽은 적이 있다. 한 그루 나무의 지상 부분을 모조리 잘라 그 무게를 달고, 지하의 원뿌리 · 잔뿌리를 몽땅 파내 재보면 둘의 무게가 맞먹는다고 한다. 구체적으로 생각해 본 적은 없지만 나는 당연한 듯 지상 부분이 더 크다고 생각해 온 듯하다.

무더운 여름날 시원한 그늘을 만드는, 가지가 무성한 아름드리나무의 지상의 무게와 뿌리의 무게가 비슷하다니. 처음엔 잘 믿어지지 않았다. 나도 모르는 사이에 보이는 것에 대해 세뇌되어 있었던 듯하다. 태풍, 폭우, 가뭄 같은 가공할 자연재해와 매연을 비롯한 인간에 의한 온갖 파괴에도 견디는 나무를 생각하니 수긍이 갔다. 어떻게 뿌리의 헌신적인 도움 없이 아름다운 지상의 성과가 있으랴. 그 모두가 혼신을 다한 뿌리와 지상 부분의 합작품이었다. 이 자명한 우주의 진리를 간과한 것은 보이는 것을 우선시하는 우리의 오랜 습관 때문일 것이다.

발은 우리 몸의 2% 남짓한 아주 작은 부분을 차지한다고 한다. 이 미미한 발에 수많은 인대와 신경과 혈관이 뻗어 몸을 지탱한다고 한다. 인체는 발에 뿌리를 간직한 셈이라고 할 수 있을 것이다.

발에 대한 고마움이 새롭다. 눈에 보이는 것을 우선시하는 오랜 습관 때문에 소중한 것을 잊고 있는 것은 없는지 생각해 본다.

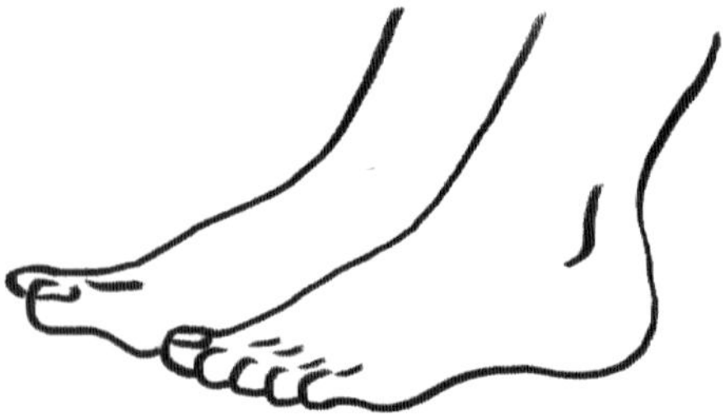

예삐

갓 중학생이 되었을 때였다. 목재소를 하는 친구 집에 놀러 갔더니 송아지만 한 개 두 마리가 낯선 나를 보고 길길이 날뛰었다. 개에 대한 친근감이 없던 나는 거의 공포 지경에 이르렀다. 사방에 목재가 널려 있고 늘 문이 활짝 열려 있는 목재소에 개는 책무가 막중한 경비견이었다. 혼비백산했던 나는 그 후 길을 가다 먼발치에라도 개가 보이면 아무리 멀어도 돌아서 갔다. 진땀을 흘리면서도 그 옆을 지나갈 용기가 나지 않았다.

이사 간 집은 마당이 넓었다. 남편은 방범을 위해서라도 개를 한 마리 키우자고 했다. 개는 무섭다는 인식밖에 없던 나는 온갖 이유를 다 대며 반대했다. 그 소동 속에 예삐가 우리 집에 왔다. 정 안되면 돌려주겠다는 조건으로. 태어난 지 두어 달 된, 하얀 바탕에 갈색 무늬가 있는 예쁜 강아지였다.

얼마나 정성 들여 훈련을 시켰는지 녀석은 처음부터 배변을 완벽하게 가렸다. 제가 싼 변을 감쪽같이 덮어버리는 습성이 있는 고양이도 아닌 녀석의 변을 이 년여 함께 지내는 동안 단 한 번도 본 적이 없다. 대체 어디서 어떻게 처리하나 싶어 마음먹고 살펴보려 했지만 끝내 찾아내지 못했다. 지금 생각해도 신통할 따름이다. 이름도 우리 식구들이 지으라고 그사이 호칭이 없을 수 없었을 텐데도 딱히 정해진 것은 없다고 했다. 정말 녀석은 우리가 예쁘다고 '예삐' 라고 명명하자 금세 그 이름에 적응했다. 예삐를 주신 분의 배려가 고마웠다. 예삐만 보낸 것이 아니라 따뜻한 마음까지 함께 보낸 거였다.

직장으로 학교로 식구들이 모두 나간 텅 빈 집. 집안일을 끝낸 한가한 시간, 나는 종종 예삐와 놀았다. 붙임성 없는 내가 어떻게 예삐와 가깝게 되었는지 모르겠다. 모두 예삐의 공일 것이다. 담쟁이덩굴이 운치 있는 뒤꼍으로 정원수 밑으로 온 집을 뛰어다니며 숨바꼭질을 했다. 내가 커다란 조경석 뒤에 몸을 착 붙이고 숨으면 예삐는 술래가 되어 처음엔 뒤쫓아 오는 척하다가 이내 자취를 감추었다. 술래가 쫓아오지 않으면 숨은 사람이 도리어 궁금해진다. 궁금해진 내가 바위에 몸은 밀착시킨 채 녀석을 찾아서 두리번거렸다. 보이지 않아 바위에서 몸을 조금 떼고 녀석이 숨었을 만한 곳을 둘러보았다. 그래도 눈에 띄지 않아 무심코 하늘을 쳐다보는데, 아하! 언제 올라갔는지 내가 숨은 바로 그 바위 위에서 녀석이 나를 내려다보고 있었다. 순간 눈이 마주쳤다. 나는 녀석의 슬기와 재치에 감탄했고, 이제나저제나 내가 보아주기를 기다렸던 녀석도 깜짝 놀라는 체했다. 녀석의 동그란 눈동자에 장난기가 남실거렸다. 곧이어 녀석은 자기가 숨을 차례라는 듯 달아났고, 나도 녀석처럼 쫓는 척하다 슬쩍 숨었다. 이번엔 녀석이 숨은 뒤꼍에서 빠끔 내다보았다. 금세 눈이 마주쳤다. 녀석은 내가 어떻게 하리라는 것을 훤히 꿰뚫고 있었다. 녀석과 내가 교감하는 순간이었다. 우리는 오전 한때를 한마음이 되어 한껏 즐기곤 했다.

예삐는 기회만 있으면 거실에 들어와 응접용 의자와 탁자 위를 오르내렸고 나무의 촉감이 좋은지 통통거리며 방마다 기웃거렸다. 녀석이 들어오면 나는 얼른 방문 닫기에 바빴다. 부엌문 앞에서 제지당한 녀석은 돌아봐주기를 기다리다 내가 일만 하고 있으면 뒤꼍을 돌아 싱크대 위로 난 창가에 와서 내다봐 주기를 기다렸다. 고개를 내밀어 알은체하면 행복한 표정을 지었다.

중학생이던 막내는 학교가 파하고 집에 돌아오면 책

가방만 현관 안에 들여놓고 집과 정원 사이 통로에 앉아 한참이나 예삐와 도란거렸다. 지나가다 들으면 막내는 녀석에게 뭐 하고 놀았느냐고 묻는 것 같기도 했고, 무엇인지 '알았제, 알았제' 하는 품이 자상한 형이 사랑스러운 아우에게 다짐하는 것 같았고, 녀석은 형을 한없이 신뢰하는 유순한 아우 같았다. 한동안 대화가 끝나면 개구쟁이 형제 같은 장난이 이어지곤 했다. 막내가 간지럼 태우는 시늉을 하면 녀석은 자지러지는 흉내를 냈고, 권투 하는 시늉을 하면 엄살을 떠는 흉내를 냈다.

셋방 식구들도 예삐를 좋아했다. 그 집 식구들은 귀가할 때 곧잘 예삐가 좋아하는 장난감이나 오징어포 같은 것을 사 들고 왔고 마주칠 때마다 안거나 쓰다듬어 주었다. 예삐도 그들을 무척 따랐다. 막내들은 다 그러한지 그 집의 막내도 예삐와 놀기를 무척 좋아하여 곧잘 제 방에 재우기도 했다. 우리는 현관문 바로 옆에 예삐의 근사한 집을 마련해 두고 있었다.

밤늦게 옆방 학생은 대문을 닫지 않은 채 길 건너 가게에 음료수를 사러 뛰어나갔다. 제집에 있던 예삐도 여느 때처럼 쏜살같이 학생 뒤를 좇았다. 공교롭게도 바로 그때 택시가 지나갔고, 택시 기사는 갑자기 튀어

나온 강아지를 피할 겨를이 없었다. 한밤중 누가 현관문을 두드렸다. 문을 여니 옆방 학생이 고개를 푹 숙이고 방금 있었던 일을 얘기하며 예삐를 거실에 내려놓았다. 아무런 외상은 없었다. 두려운 마음을 애써 진정하고 눈을 들여다보니 그 다감하던 눈이 멍해 보였다. 죽음에 대한 공포였는지 슬픔이었는지 모르겠다. 예삐는 미동도 하지 않았다. 나는 어쩔 줄 몰라 했고 학생은 제가 데리고 자겠다며 안고 갔다.

아침에 현관문을 여니 누가 벌써 현관 앞을 깨끗이 물청소를 해놓았다. 이상하여 바닥을 자세히 보니 붉은 자국이 있었지만, 그것이 핏자국일 거라고는 상상치 못했다. 아침 운동을 하러 나가는 남편이 현관문을 여니 예삐가 피를 흘린 채 숨져 있더라고 했다. 몸에는 아직 온기가 남아 있었다. 밤새 알루미늄새시 문을 얼마나 긁었는지 문에도 피가 묻어 있었다. 남편은 우리가 일어날세라 얼른 커다란 흰 수건에 싸서 녀석이 나와 숨바꼭질할 때 곧잘 달아났던 정원 안쪽 커다란 동백나무 옆에 깊이 묻었다고 했다. 핏자국을 말끔히 지우려 했으나 되지 않았다고 했다.

아픈 몸으로 어떻게 학생네 마루를 내려왔으며, 그

몸으로는 상당한 거리인 우리 현관문까지 왔을까. 우리 집이 제집이라고 사력을 다해 와서는 매끈한 새시 문을 숨이 다할 때까지 긁으며 신호를 보냈을 녀석을 생각하니 마음이 몹시도 아팠다. 아무도 말하지 않았지만 우리는 예삐에게 너무도 미안했다. 나는 예삐로 해서 개 종류뿐만 아니라 일반 동물에 대한 두려움까지도 어느 정도 씻을 수 있었다. 예삐는 우리가 그에게 준 사랑보다 더 큰 사랑을 남기고 우리 곁을 떠났다. 나는 녀석을 제대로 사랑해 보지도 못했는데.

달력 그림 소고

-파적(破寂)을 중심으로-

달력 이월에 있는 그림 김득신의 <파적>을 보고 있으니 저절로 미소가 떠오른다. 졸지에 고양이에게 물려가게 된 병아리에겐 미안하지만 그림이 퍽 해학적이다. 거실 끝 부엌 입구 벽에 달력을 걸어두고 부엌을 들고 날 때는 물론이고 무시로 그림 앞에 서서 미소를 머금는다. 문득 달력 그림의 변천 과정이 생각난다.

내 기억 속 맨 처음 달력은 일 년 열두 달이 한 장에 다 있었다. 일간지의 반장만 한 크기로 기억되는데 월이 양쪽 가에 여섯 달씩 세로로 배열되어 있었다. 맨 위 한가운데 ○○년 하는 간지(干支)가 적혀 있었고 그 좌우에 단기 몇 년, 서기 몇 년 하는 기원(紀元)이 씌어 있었다. 간지 밑에 허연 머리, 이마가 넓은 이승만 초대 대통령의 사진이 자리 잡고 있었다. 한복 또는 양복저고리를 단정하게 입은 약간 측면인 듯한 느낌의 사진이었다고 기억된다. 사진을 보고 있으면 억양에 특색이 있는 그분의 목소리가 들리는 듯했다. 그 아래 국경일·

경축일 일람표와 24절기가 각각 세로로 씌어 횡으로 정리되어 있었다.

달력은 파리똥이 앉건 누레지건 일 년 내내 그대로 안방 벽에 붙여 두었다가 해가 바뀌어 새 달력이 나오면 그때서야 바꿔 붙였다. 텔레비전은 상상도 못 하고 구문이 된 신문조차 귀하던 시절이었지만 대통령의 얼굴을 모르는 사람은 아마 거의 없었을 것이다.

한 장에 석 달이 인쇄된 달력이 잠깐 선보이더니 곧 두 달씩 인쇄된 달력이 등장했다. 대략 상하로 이등분되어 위쪽엔 그림, 아래쪽엔 두 달의 월력이 나란히 인쇄되어 있었다.

영화배우 사진이 달력의 그림으로 유행한 적이 있었다. 그 달력의 일이 월엔 마치 약속이나 한 듯 당시 인기 있던 남녀 아역배우가 한복을 곱게 차려입고 막 세배를 끝낸 다소곳한 자세로 앉아 있는 모습이었다. 칠팔 월엔 수영복만 다른 같은 글래머 스타의 사진이 이 달력에도 있고 저 달력에도 있었다.

풍경 사진이 유행인 적도 있었다. 일이 월엔 조금씩 다르긴 했지만 장엄한 일출을 담은 사진들이었다. 한 해의 시작을 영원과 번영의 상징 해돋이 같기를 바라는 마음에서 그랬을 것이다. 마지막 장은 주로 전나무 숲에 눈이 쌓인 설경 속에 작은 집이 한 채 있는 풍경이었다. 온 세상이 눈으로 뒤덮인 산속 외딴집을 보며 동화 속 세상을 꿈꾸곤 했었다.

동양화가 유행이던 적도 있었다. 일이 월엔 까치나 참새 그림이 많았다. 이 달력의 까치와 저 달력의 까치를 마치 미술 평론가라도 된 듯 비교하며 재미있어했다. 그 그림을 보고 있으면 눈 냄새가 나는 것 같기도 했고 기쁜 소식이나 반가운 손님이 찾아올 것 같기도 했다.

하루에 한 장씩 떼는 달력도 있었다. 습자지 같은 얇은 지질에 날짜를 표시한 진하고 커다란 아라비아 숫자가 달력 대부분을 차지했다. 날짜 바로 밑에 그날에 해당하는 지지 동물이 그려져 있었는데 일월에 특히 인기가 좋았다.

정월에 담그는 장이 변하지도 않고 맛도 좋다며 장은 정월 장이어야 한다던 이웃 할머니는 장은 말날에 담가야 한다며 달력을 넘기며 말이 그려진 날을 손꼽으셨다. 말 날과 간장 담그기가 무슨 상관이 있는지 지금도 모르겠지만 그 정성이 보기에 좋았다. 나도 그때부터

장 담글 때가 되면 말 날을 챙겨오고 있다.

이 달력을 정확하게 떼는 곳은 은행 등 금융기관이었을 것이다. 고객의 시선이 가장 잘 닿는 곳에 걸어놓은 달력의 날짜를 보고 나는 예금청구서의 날짜를 적곤 했다. 가정에서는 뒤지로 애용되었는데 아이들은 서로 그 부드러운 종이를 차지하고 싶어 해서 어떨 땐 날짜가 한나절쯤 앞서가기도 했다.

한 장에 한 달씩 있는 달력이 등장했다. 우리의 고미술 사진, 유명 미술가의 작품 등이 달력의 그림으로 우리의 눈을 즐겁게 한다.

병아리를 물고 가는 고양이를 쫓느라고 마루에서 미끄러지듯 마당에 엎어지는 남자의 손에 들린 장죽이 얼핏 고양이에 닿을 듯하다. 그 와중에도 고양이 녀석 날 잡아보라는 듯 힐끔 뒤돌아본다. 고 얄미운 녀석의 눈알이 노랗다. 고양이에게 물려가는 병아리에게 눈길이 머문다. 마른하늘 날벼락에 혼이 나갔을 것이다. 표적에서 비켜난 병아리들은 혼비백산하여 달아나고 있고 놀란 어미 닭은 땅이라도 치는 듯하다.

삼성생명에서 낸 우리 고미술 열두 점으로 꾸민 달력, 이월에 있는 그림 김득신의 '파적'이다. 엎어질 때

손목 인대를 상하지 않았나 싶은 남자나, 덩달아 놀라 뛰어나오는 맨발의 여자나, 힐끗 돌아보며 '메롱'이라도 할 것 같은 고양이나, 물려가는 병아리까지 모두 해학적으로 느껴진다. 그림의 제목 때문일까. 고양이 녀석 진짜로 '메롱' 하다가 병아리를 떨어뜨렸으면 좋겠다. 얼마나 놀랐을까. 물려가는 병아리에겐 정말 안됐지만 그림을 볼수록 재미있는 것은 아마도 뒤돌아보는 고 얄미운 고양이 녀석 때문일 것이다. 김득신의 순간 포착 또한 그렇지 않았을까.

이월, 파적. 지난해를 되돌아보고 새해의 설계로 벅찼던 정월과 또다시 농사로 분주해질 삼월 사이, 쉬어 가라는 해학 같아 유쾌하다. 이월이 짧아서 더욱 절묘한 느낌이다.

우연히 켠 텔레비전 화면 가득 눈에 익은 그림이 비쳤다. 반갑기도 하고 좋아하는 그림에 관한 이야기를 듣고 싶어 채널을 고정했더니 제목이 이상했다. '파적'으로 알고 있는 그림 제목이 <야묘도추(夜猫盜雛)>였다. "들고양이가 병아리 훔치다"라는 그림 그대로의 풀이였다. 나는 '야묘도추'보다 한가함을 깬다는 '파적'이란 제목이 훨씬 더 마음에 든다. '파적'이란 제목으로 만

나지 않았더라면 그림에 이렇게까지 빠져들지 않았지 싶다. 그림의 제목은 누가 붙이는 것일까.

다음 장 삼월은 단원의 '경작'이다. 그림 한가운데 농부가 소를 몰며 해토된 밭을 갈고 있다. 소도 농부도 새롭게 경작을 시작하는 기쁨과 설렘이 감도는 듯하다. 어디선가 눈 녹은 물 흐르는 소리가 들리는 듯하고 신선한 새봄의 기운이 느껴진다.

세월이 가도 잊히지 않는 달력 그림이 있다. 달력의 마지막 장인 십이월은 눈 내린 언덕 위에 아담한 돌집이 고즈넉한 사진이었다. 그림 같은 사진 속 돌집은 달력을 발행한 부산대학교의 아취 있는 박물관이었다. 십이월과 박물관, 한 해의 마지막 달이 퍽 철학적으로 다가왔었다.

이월을 떼어낸다. 파적을 걷어낸다. 삶이란 때로는 가벼운 파적일 때도 있고 무거운 사유일 때도 있다.

3장

해몽

뻐꾸기 소리

나비수영

전통가옥 답사

분홍색 헝겊 필통

어느 가을날

뒷산

구전민요 채록 소고

추억 하나 추가

집밥

딱 무인 단속 카메라 만큼만

종량제 봉투 한 묶음의 무게

전화선이 지쳤나 봐

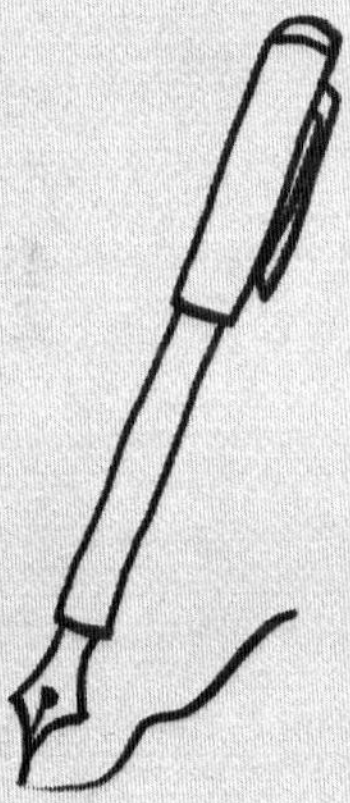

해몽

새해가 시작되고 며칠 지나서였다. 남편이 은밀히 말했다. 정월 초하룻날 새벽에 꿈을 꾸었는데 크고 잘생긴 수탉 한 마리가 남편을 똑바로 쳐다보며 우렁차게 울더란다. 볏이 빳빳한 것이 선홍색이었다고 말하는 품이 여간 좋은 소식을 기대하는 눈치가 아니었다.

정월이 끝나가는 데도 좋은 일은커녕 나쁜 일들이 줄을 잇는 모양이었다. 하는 업무마다 제동이 걸리고, 예사로운 일에도 경찰서와 검찰청이 관계되었다. 심지어는 신축 중인 회사 현장에 일과 후에 누군가 몰래 와서 쓰레기를 태우고 가서 환경 위생법 위반으로 법정에 서기까지 했다. 설상가상이었고 속수무책이었다.

생전의 어머니는 꿈에 말이 보이면 좋은 조짐이고 소가 보이면 근심거리가 생긴다고 외할머니께 말씀드리곤 했다. 외할머니는 일찍 유명을 달리한 아버지가 건장한 말로 나타나 생활 전선에서 힘드신 어머니를 지켜주는 모양이라고 해몽하셨다. 나는 죽을 때까지 주인을 위해 봉사하고 죽어서도 뼈에서 가죽에 이르기까지 어느 것 하나 버릴 것 없다는 소가 왜 어머니께는 근심을 암시하는지 어린 마음에도 의문이 들었다. 돌이켜보면 어머니는 힘겨운 소의 일생에서 당신을 삶을 보는 듯하여 평소 소를 측은한 눈길로 보셨던 것은 아니었을까 하는 생각이 든다.

한나절이 지나면 이웃들은 담 너머로 가만히 간밤의 꿈 이야기를 하곤 했다. 아마 한나절까지는 지난밤의 영역이고, 곧 그것은 꿈의 영역으로 터부시했던 듯하다. 그만큼 꿈은 외경의 대상이었다. 라디오도 귀하던, 이웃 간의 대화가 정보의 주축을 이루던 시절 사람들은 집안에 특별한 행사를 앞두면 은연중에 꿈에서 의미를 찾으려 했다. 꿈도 기대에 부응하는 듯했다. 꿈은 신녀처럼 상징했고 예언했다. 상징과 예언은 언제나 신령스러운 것이어서 사람들은 적확한 해몽을 찾으려고 온갖 경험과 지혜를 모았다.

집안 행사로 시댁의 어른들이 모인 자리에서 남편은 예의 꿈 이야기를 했다. 얼마나 생생한 꿈이었던지 해가 바뀌고 한참이 지났는데도 말하는 품이 꼭 엊그제 꾼 꿈 이야기를 하는 듯했다. 꼬이고 꼬이던 지난해의 일들을 덧붙이는 것이 여전히 꿈에 대한 미련을 버리지 못한 것 같았다.

듣고 계시던 숙모 한 분이 “저런, 저런!” 하시더니 “닭 꿈은 송사라네. 시끄러울 꿈이지. 자네 욕봤겠네” 하며 웃으셨다. 남편처럼 기대에 차 있었던 건 아니었지만 뜻밖의 해몽이었다. 남편과 나의 띠를 물으시더니 “둘 다 삼재라 겹 삼재”라고 하셨다. 그때 처음으로 삼재라는 것이 내 귀에 비중 있게 들렸다.

닭 중에서도 으뜸으로 치는 토종 수탉, 왕관 모양의 빛나는 선홍빛 커다란 볏. 승리의 나팔 소리 같은 우렁찬 울음소리, 윤기가 자르르한 암적색 몸통에 청록색 꼬리가 멋지게 휘어졌더라는 꿈속의 닭을 남편은 승진 같은 기쁜 소식의 전령사로 기대한 듯했다. 꿈에도 색깔이 있다는 것을 그때 처음 들었다.

새해 벽두, 언론은 통과의례처럼 그해의 간지를 조명하고 해당 동물의 상징과 덕목을 말한다. 닭띠 해였다. 한 텔레비전 방송에서 그 분야의 대가인 민속학자 한 분이 닭 꿈은 ‘송사가 있을 조짐’으로 해몽한다고 했다. 숙모께 들었지만 그래도 설마 하는 마음이 한구석에 있던 터였다. 돼지 꿈, 용 꿈 등은 길몽으로 널리 알려져 있었지만, 닭 꿈에 대한 해몽을 그 분야의 권위 있는 학자로부터 들으니 놀라웠다. 솜씨, 예법, 전통, 풍습 등 어느 것 하나에도 빠지지 않는 집안 숙모의 해박함을 다시 한번 실감했다. 왜 닭 꿈이 송사와 관련이 있을까 하는 내 의문에 숙모는 좀 생각하시더니 땅을 콕콕 헤집으며 모이를 찾는 닭의 습성이 사건을 파헤치는 송사와 닮지 않았겠느냐고 풀이하셨다.

꿈이란 무의식의 세계를 해당 사물의 일반적인 습성으로 풀이하는 해석이 퍽 재미있었다. 돼지꿈은 돼지의 다산을 들어 재산이 불을 꿈으로 풀이하고 용꿈은 등용문이란 낱말에서 보듯 상서로움을 상징한다. 우리가 영험하고 신비롭다고 생각하는 상징도 따지고 보면 다 그 사물의 습성이나 생태에서 유추한 것들이다. 나는 '닭' 하면, '꼬-'하고 길게 뽑으며 '~끼요'하는 울음소리가 먼저 떠오르고 새벽을 연상한다.

만약 그때 남편이 닭 꿈이 송사를 상징한다는 걸 알았더라면 어땠을까. 체념했을 것이므로 마음고생이 덜 했을까. 그 시기 남편은 몹시 힘들어했다. 하도 일이 꼬이니 낙천적인 남편도 아침이면 오늘은 또 무슨 좋지 않은 일이 벌어질 것인지 걱정이 되는 모양이었다. 어느 날 늘 넣어 다닌다며 양복상의 안주머니에서 사직

서를 꺼내 보여 주는데 봉투 가장자리가 많이 닳아 있었다. 그러면서도 초하룻날 꿈이 그렇게 좋았는데 하며 못내 아쉬워했다. 역설적이게도 흉몽을 길몽으로 정반대로 해석한 착각이 어려움 속에서도 남편을 지탱해 준 버팀목이 아니었을까 하는 생각이 들었다.

해가 바뀌니 희한하게도 모든 일이 순조롭게 풀린다고 했다. 작년 같았으면 문제가 되었을 일들이 저절로 풀리는가 하면 어려운 일도 생각지도 않은 곳에서 도움의 손길이 뻗어오더라는 거였다.

숙모께서 남편과 나의 띠를 손가락으로 짚어 보시더니 삼재에서 벗어나는 해에 들었다며 "자네 이제 걱정 안 해도 되겠네" 하시며 웃으셨다.

뻐꾸기 소리

'뻐꾸기 소리를 듣고 있으면 까닭도 없이 수심에 잠겨 처량하기가 그지없다'에서 갸우뚱한다. 수필가 Y 선생의 수필 「서울 뻐꾸기」를 처음부터 다시 읽는다. 그 부분에서 생각에 잠긴다.

뻐꾸기 소리를 들으면 나는 언제나 '뻐꾹 왈츠'가 떠오른다. 여학교 음악 시간, 피아노 건반이 통통 튀어 오르는 듯 경쾌한 그 노래의 멜로디는 어찌나 맑고 곱던지 그대로 내 마음에 각인되었다.

그 이전까지 나는 뻐꾸기 소리에 대한 어떤 특별한 정서도 가지고 있지 않았던 듯하다. 순백의 소녀 가슴에 '뻐꾹 왈츠'의 선율이 어찌나 선명하게 물들었던지 지금도 산길을 걷다 뻐꾸기 소리를 들으면 경쾌한 느낌을 받는다.

입안 가득히 공기를 모았다가 탁 터트리듯 탄력 있는 '뻐', 첫 음의 여운을 음미하듯 잠깐 쉬었다가 추어올리듯 경쾌한 '꾹'. 맑고 그윽한 그 소리를 듣고 있으면 마음에 감미로움이 괴어들고 창조주의 신비에 경건해지기까지 한다.

향파 이주홍 선생의 생가에 답사 갔을 때다. 첩첩산중을 가로지른 검회색 아스팔트에 당혹했다. 큰비 온 후의 계곡 물살처럼 세찬 변화의 소용돌이가 그곳에까지 미쳤으리라고는 생각하지 못했다. 산골의 정취를 예상한 것은 나만 아니었던 듯 여기저기서 실망의 탄식이 새어 나왔다. 무거운 정적이 흘렀다. 허탈한 마음으로 선생의 작품에 면면히 흐르는 산골 서정을 못내 아쉬워하고 있을 때 먼 산에서 뻐꾸기가 울었다. 비록 아스팔트가 길게 가로질렀어도 첩첩산중은 첩첩산중. 깊은 산에서 들려오는 뻐꾸기 소리는 심오하고 그윽했다. 그때까지 무미건조하던 사방의 산에 자욱이 정감이 어리는 듯했다. 낙심했던 마음도 스르르 풀어졌다. 때 이른 더위 위로 솔바람까지 부는 듯했다.

함박눈이 천지를 새하얗게 덮은 한겨울 깊은 밤, 올빼미 소리에 놀라 잠을 깨면 바로 방문 앞까지 올빼미가 와 있었다고 한다. 남편은 올빼미의 그림자가 꼭 요만했다고 주먹을 쥐어 보인다. 눈빛에 반사된 한지 바른 방문은 새하얗고, 올빼미 그림자는 더 또렷했을 것이다. 오~옥하고 목구멍 안쪽에서 나는 소리로 올빼미의 울음까지 흉내 낸다. 남편은 지금도 어릴 적 고향의 겨울 풍경이 선한 모양이었다. 얘기 속에 그리움이 배어 있는 듯했다. 나는 「서울 뻐꾸기」 속 정서를 얘기하며 뻐꾸기 소리를 들으면 어떤 기분이 드느냐고 물었다. 지체 없이 '수심과 처량함' 쪽이었다. 내 딴에는 '뻐꾹 왈츠' 쪽 정서로 답하기를 은근히 유도했는데.

TV 오락 프로그램 중 초, 중등학교 때 친구를 찾는 것이 있었다. 두 명의 연예인이 두 개의 새장 좌우에 앉고, 칸막이 저쪽 방에는 그들의 친구들이 앉아서 학창 시절 얘기를 비틀어서 해댔다. 예쁜 척했다느니 잘난 척했다느니. 이때 친구들의 말과 해당 연예인의 말이 다르거나 차이가 나면, 새장에서 뻐꾸기가 퍼뜩 나와 그 차이만큼 '뻐꾹', 또는 '뻐뻐꾹'이나 '뻐꾹'을 연달아 울고는 쏙 들어갔다. 그 뻐꾹 소리가 묘하게도 희화적이었다. 작은 혀를 쏘옥 내밀고 눈이 새물새물 웃는 것이 능청을 떠는 것 같기도 했고, 놀리는 것 같기도 했다. 누가 그 그윽한 소리를 저렇게 코믹하게 비틀었을까. 수많은 새소리 중에서 천상의 소리 같은 뻐꾸기 소리를 희화한 재치가 유쾌했다.

우리와 서양의 노래에 나타난 뻐꾸기 소리의 음정을

분석한 글을 읽은 적이 있다. 완전 몇 도, 단(短) 몇 도, 장(長) 몇 도 하는 음정 이야기는 문외한인 내게는 난해했다. 이해하기 어려운 그 글을 손가락으로 짚어가며 자세히 읽은 것은 자연과 문화가 다르면 뻐꾸기 소리는 어떻게 다르게 들릴까 하는 호기심에서였다. 읽으면서 글 속에 인용한 노래를 흥얼거렸다.

'뻐꾹 왈츠'는 여전히 맑고 아름답고, 동요 '뻐꾸기'는 봄을 영접하는 기쁜 정서 같기도 했고 가는 봄을 송별하는 슬픈 정서 같기도 했다. 글쓴이는 양쪽의 정서가 비슷하다고 했다. 봄을 맞이하고 보내는 마음 모두에 봄을 사랑하는 마음이 깔려있기 때문일 것이다. 뻐꾸기 소리를 들으면 까닭도 없이 처량해지는 것과 감미로움이 괴어드는 것 또한 지고지순한 슬픔과 기쁨의 뿌리가 같기 때문일 것이다.

그럼 오락 프로그램의 뻐꾸기 소리는? 예쁜 척, 착한 척했다는 '척함'에 초점을 맞춘 그 프로그램의 설정에 있을 듯싶다. 드러내놓고 하는 '척함'은 오락의 좋은 소재이기 때문이다. 묘하게 윤색한 뻐꾸기 소리는 옆에서 간지럼을 태우듯 재미있었다. 자유분방한 작가의 사고가 놀라웠다.

문득 일체유심조(一切唯心造)란 말이 떠올랐다. 모든 것은 오직 마음에 달려 있다.

나비수영

물속에서 양팔을 수면 위로 날개처럼 펼치며 비상하는 황홀함에 빙그레 미소 짓는데 꿈이었다. 수영 강습을 다녀와서 고즈넉한 거실 소파에서 잠깐 잠이 들었는데 그런 멋진 꿈을 꾸었다.

수모 쓴 머리를 수면에 예각으로 솟구치고 양팔에 물주렴을 드리우며 좍 펼쳐 올리는 모습은 한 마리 비상하는 새 같다. 순간 머리와 팔이 다시 수면에 힘차게 꽂히고 탄력받은 둔부가 동실 떠오른다. 나는 새의 꽁지 같은, 가지런히 모은 두 발이 세찬 물보라를 일으킨다. 저 힘이 넘치는 수영의 명칭이 왜 접영일까. 내 보기엔 영락없이 먹이를 포착한 갈매기의 비상 같은데.

문득 '나비효과'란 말이 떠오른다. 나비효과는 브라질에 있는 '갈매기'의 날갯짓이 미국 텍사스에 토네이도를 일으킬 수 있다는 과학 이론이다. 초기에 아주 미세한 것이 나중에 엄청난 결과를 초래할 수도 있다는 이론인데 이를 시적으로 표현하고자 '나비'로 바꾸었다고 한다. 갈매기보다 작고 가냘픈 나비가 그 이론을 훨씬 잘 비유하는 것 같다고 생각한 듯하다. 좋은 과학자는 국어에도 능통해야 한다는 진화생물학자 C교수의 말이 떠오른다. 접영은 어떤 명명일까.

지하 실내 수영장의 아침 강습은 흰빛과 오렌지빛이 조화된 아늑한 조명 아래 철썩, 차르르 물소리만 정적을 깨트린다. 줄지어 수영하는 자유형은 날치들의 행렬 같다. 평영은 엄마 오리 따라 나들이 가는 새끼 오리 떼 같고, 수면에 누워 양팔을 번갈아 유연하게 저어 뻗어 올리는 배영은 호수에 줄지어 유영하는 백조의 무리 같다. 가쁜 숨소리와 물소리가 섞여 생동감이 넘친다.

친구가 취미가 같거나 종교가 같아야 자주 만나지 않겠느냐며 함께 수영하러 다니자고 했다. 주저하니 수영장과 목욕탕을 같이 운영하고 있으니 목욕 가는 셈 치고 한번 가 보기나 하자고 이끌었다. 친구는 물 위에 뜨는 것을 가르치려 무던히도 애쓰더니 안 되겠는지 줄을 잡고 물장구나 치라고 하고선 내게는 까마득해 보이는 저쪽으로 헤엄쳐 가버렸다. 25m 실내 수영장 끝 레인이 어찌 그리도 멀어 보이던지. 나는 물장구를 치기보다 약속한 시각을 채우느라 애꿎은 벽시계만 쳐다보고 또 쳐다보았다.

친구가 나이 들어 좋은 운동은 수영밖에 없다면서 또 다시 수영장에 가자고 했다. 나는 여전히 줄을 잡고 간간이 시계를 쳐다보며 수영하는 사람들을 별종인 양 바라보았다. 밤에도 식을 줄 모르던, 지겹던 여름이 가고 어느새 가을의 문턱에 들어섰다. 친구에게서 가끔 수영장에 등록했느냐는 전화가 왔다. 그 고마운 마음이 내 마음을 움직였을까. 혼자선 꿈도 못 꾸었을 수영 강습에 등록했다.

강사는 어린이용 풀에서 킥 판을 내밀며 잡고 물에 떠보라고 했다. 나는 두 발을 바닥에서 떼기만 하면 금세 곤두박질칠 것만 같았다. 강사는 킥 판을 붙잡고 있을 테니 안심하고 떠보라고 했다. 어-?! 두 발을 다 바닥에서 떼도 물속에 가라앉지 않음에 놀라고 있으니 킥 판을 당기며 물을 차보라고 했다. 물을 차느라 온 신경을 발에 쏟다가 문득 앞을 보니 강사는 어느새 킥 판에서 손을 떼고 있었다.

나는 물에 뜬 이야기를 식구들에게 하고 또 했다. 수영을 배울 수 있을 것 같은 기대감으로 마음이 설레어 그날 밤은 잠도 쉬 들지 못했다. 신명 나게 수영장에 다녔다. 만나는 사람마다 무슨 좋은 일이 있느냐고 물었다.

자유형에서 얼굴을 수면 위로 내밀 때 숨을 쉬라고 했지만 그랬다가는 물이 코와 입으로 마구 들어올 것만 같았다. 어쩌다 겨우 한 번 숨을 쉬었다고 두 번째 숨이 쉽게 쉬어지는 건 아니었다. 배영에선 물 위에 눕는다는 것 자체가 무서웠다. 물 위에 눕다니. 말도 안 된다 싶었다. 수면에 몸을 위로하고 귀를 잠기게 하면 저절로 뜬다고 했지만 뜨기도 전에 물속에 빠질 것만 같았다. 평영은 양다리를 개구리 뒷다리처럼 오므려 물을 가두었다가 밀어내며 그 반동으로 앞으로 쑥 나가는 것 같은데 생각뿐이었다.

얼마나 안간힘을 썼는지 등이 결려 숨 쉬는 것조차 두려웠다. 약국에 갔더니 '담'이라고 했다. 문득 어릴 적 외할머니께서 어머니와 대화 중 간밤엔 담이 걸려 한잠도 못 잤다고 하시던 말씀이 떠올랐다. 농사로 날이 새고 해가 지던 분답지 않게 고우시던 외할머니. 그땐 병 이름이 참 희한하다고만 생각했었다. 내가 그 담에 걸린 거였다.

대나무를 1cm 남짓 넓이로 쪼개어 얇게 깎아 유(U)자 모양으로 휘어 양 끝을 질긴 실로 단단히 연결한 장난감이 있었다. 실 중앙에 빳빳한 종이로 만든 인형이

꿰어 있는 간단한 것이었다. 빨강 또는 초록색 종이 인형은 팔 · 다리 · 몸통 등 몇 마디로 구성되어 있었다. 이것을 쥐고 엄지와 검지로 오므렸다 펴면 줄이 팽팽해지면서 종이 인형은 갖은 묘기를 부렸다. 기계체조 링 자세로 정지해 있기도 하고 물구나무서기도 하고 공중제비도 돌았다. 재미있어 자꾸 그러다 보면 그만 탈이 났다. 인형은 줄에 매달린 형상으로 축 처져 반응이 없었다.

수영 강습을 받으며 문득 유년의 그 장난감이 떠올랐다. 다친 적이 있는 무릎이 탈이 난 종이 인형 같다는 생각이 들었다.

초급반 동기들이 옆 중급반 레인으로 넘어가도 나는 제자리였다. 나도 민망하고 그들도 안타까웠을 것이다. 다른 사람이 한 달 걸릴 때 두 달, 석 달, 아니 그 이상 걸리더라도 해내겠다던 초심이 위축되어 갔다.

여과기를 세게 돌렸는지 가만히 떠 있어도 흘러가는 듯하더니 내가 목표로 하는 평영 동작 횟수 근사치에 레인 끝까지 갔다. 횟수를 잘못 세었거나 반칙이다 싶으면서도 무척 기쁘더니 그런 근사한 꿈을 다 꾸었나 보다.

수면 위로 솟구쳤다가 먹잇감을 발견한 갈매기처럼 힘차게 수면에 꽂히는 접영. 수영을 배우는 사람들의 꿈, 나비수영. 내가 그 접영을 하는 꿈을 꾸다니.

나비가 시적 표현이라면 갈매기는 소설적 표현일까. 문득 리차드 버크의 소설 제목 『갈매기의 꿈』이 스쳐 간다.

움츠러들던 마음에 다시 용기를 지핀다. 배움이란 얼마나 큰 기쁨인가. 친구야 고맙다. 보고 싶다.

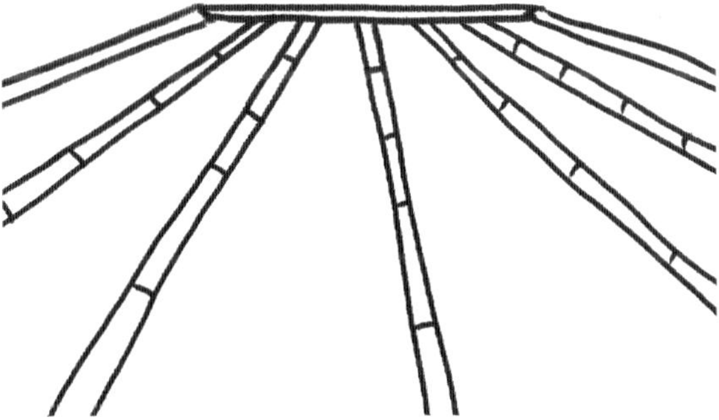

전통가옥 답사

-창녕 진양 하씨 고택-

전날부터 내리던 봄비는 빗발이 가늘어져 있었다. 창녕 하병수 전통가옥 답사는 건축사협회에서 주최한 시민 교양강좌 건축대학의 마지막 일정이었다. 관광버스 넉 대나 되는 대식구의 이동에 빗길이 염려되었지만, 비 오는 날의 옛집 답사는 또 다른 정취가 있었다. 차창에 스치는 비 오는 풍경은 수채화같이 조촐하고 바람에 날려 빗금 치는 빗방울은 올챙이 떼의 유영을 연상케 했다.

새 학년이 시작되는 봄이면 아들은 곧잘 학교 앞 행상 아저씨로부터 개구리알을 사 오곤 했다. 그 알을 대야에 담아 놓고 알 속의 까만 점들이 낱낱의 올챙이로 탈바꿈하면 아이들도 나도 신기하여 그 수를 세기 바빴다. 차창의 빗방울 올챙이에서 예전 대야 속 올챙이를 연상하며 달콤한 회상에 젖어 드는데 버스는 어느새 첫 답사지 창녕에 도착했다.

경운기가 다닐 법한 길이며, 잡초가 무성한 넓은 도

랑, 나지막한 담장이며, 한가로운 집들이 왠지 낯익고 반가웠다. 창녕 영산의 삼일 독립운동을 자랑스럽게 들려주고 텔레비전 화면의 영산 쇠머리대기에 관심을 갖게 해준 것은 이웃, 창녕 영산 댁의 고향 사랑 영향일 것이다.

창녕읍 술정리의 창녕 하병수 전통가옥. 상량문에 의한 연대가 건륭 25년(영조 36년, 1760년)이라는 그 고택은 볏짚으로 지붕을 인 나지막한 초가집이 아니고 짧게 층을 낸 새(띠 억새)로 이엉을 얹은 샛집이었다. 같은 초가집이라도 볏짚을 쓰면 초가집, 들이나 산의 야생풀을 쓰면 샛집으로 나뉜다. 초가는 이엉을 대개 해마다 갈지만, 새는 일이 십 년 간다고 한다. 지붕이 껑충 높고 가팔랐다. 옛날 이 지역에 눈이 많이 오기라도 한 걸까. 새 마디마다 알알이 맺힌 빗물이 한쪽이 밝아오는 듯한 연한 잿빛 하늘 아래, 마치 금강석을 흩뿌려 놓은 듯 영롱했다. 노랫말이 아름다운 동요 '구슬비'가 저절로 입가에 맴돌았다. 군불만 지피게 되어 있는 안방의 시커먼 아궁이 주위에 향긋한 나무 냄새가 배어날 것 같은 속살이 붉은 적황색 장작이 우물 정자로 보기 좋게 쌓여 있었다. 자르르한 윤이 흐르는 가마솥이 걸린 부엌에는 한쪽에 가스레인지와 전기밥솥이 나란히 있었다. 옛날과 오늘이 공존하는 부엌, 조왕신을 모시고 불씨를 소중히 다루며 이 부엌에 살다 간 옛 여인들이 이 광경을 본다면 감회가 어떠할까.

십팔 세기부터 이십일 세기까지 이어진 부엌문 앞에 넉넉한 장독대가 있었다. 부엌문 앞에서 이토록 푸짐한 장독대를 보는 것이 얼마 만인가. 예전엔 자주 보아왔던 주거 공간의 배치가 아득한 날의 일처럼 가슴이 뭉클했다. 아마도 다시는 되돌아가지 못할 날들에 대한 그리움이었을 것이다. 얼마나 소중하게 다루었는지 표면이 부드럽고 비를 맞아 유약을 입힌 것처럼 반들거렸다. 가운데 부분이 부른 크고 작은 독들이 한 줄에 여러 개씩 여러 줄이었다. 집안에 인기척이 가득한 것이 기쁜지 방문을 활짝 열고 가만히 내다보고 있는 백발의 노 할머니, 비 오는 날의 방문객들에게 하나라도 더 많은 것을 이야기해 주고 싶어 하는 며느리 할머니, 저분들의 기력이 왕성했을 시절, 이 독들도 제 역할에 신명이 났을 것이다.

속에 무엇이 들긴 했을까. 궁금해하는데 한 일행이 커다란 장독 뚜껑 하나를 가만히 열었다. 놀랍게도 속에는 후덕하게 불어나고 있는 메주와 참숯과 빨간 고추 몇 개가 잘 어우러져 있었다. 어머나, 들어있네. 여럿이 동시에 나지막한 탄성을 울렸다. 서로 말은 안 했지만, 이심전심으로 빈 독일지도 모른다고 생각했던 거였다. 빈 독이 아닌 것이 어찌 그리도 고맙던지. 눈에 선 지붕 탓인지, 시커먼 아궁이 탓인지 옛것에 대한 아늑한 정취보다는 구경꾼으로 서성거리던 마음이 그제야 안온해졌다. 배 부분에 커다란 붓으로 일필화 한 듯한, 구름 같기도 하고 소용돌이 같기도 한 무늬를 음미하고 있는데 그 줄 끝에 있는 소주 두루미가 눈에 들어왔다. 입구가 좁은 두루미에 친정어머니는 멸치젓을 담그셨는데 이 댁에선 어떤 용도로 썼을까. 장독대는 자꾸만 그리움을 자아냈다.

첨벙, 지금은 쓰지도 않는 장독대 옆 우물에서 두레박 떨어지는 소리가 나는 듯했다. 어둠이 채 걷히지 않은 꼭두새벽, 아무도 긷지 않은 첫 우물물을 길어 정갈한 대접에 담아 장독 위에 올려놓고 정성을 다해 부모님의 건강과 남편과 아들의 관운을 축원했던, 옛 여인들의 제단이기도 했던 신성한 곳 장독대. 이곳도 머지않아 전통가옥 답사 때나 박물관의 풍속 사진에서나 보게 될 것이다.

축담 위에선 주인의 집 내력 이야기가 한창이었다. 이백몇십여 년 전 이 집 상량하던 날, 원근의 일가친척들이 모두 모여 큰 잔치를 벌였을 것이다. 상 한가운데 웃는 돼지머리 올려놓고, 팥고물 시루떡 시루째 올려놓고 있는 것 없는 것 다 차려놓고 성주님께 빌고 터줏대감께 빌었을 것이다. 이 좋은 집에서 무병장수하고 부귀다남하게 해 주십사고. 그날의 흥겨움이 아른거렸다. 그 정기가 강림했는지 일행들의 표정들이 하나같이 벙싯거렸다.

정면 네 칸, 측면 한 칸, 새 지붕. 비록 기와집은 아니었어도 당시로서는 큰 규모의 집이었다고 한다. 집주인은 축하의 덕담을 받기에 바빴을 것이다. 얼마나 정성을 다해 돌보는지 삼백 살을 향하고 있는 샛집이 정정했다.

띠를 두른 듯 가장자리 돌아가며 핀 꽃 잔디가 예쁜 마당에 물색 고운 우산들이 서로 어울려 안개비 속에 화사하기 그지없었다.

창녕 하병수 전통가옥은 우리나라에서 가장 오래된 초가로 1968년 국가 민속 문화재로 지정되었다가 2017년 창녕 진양 하씨 고택으로 명칭이 바뀌었다.

분홍색 헝겊 필통

진열장 안 보석들이 승학산 하산 길에 본 자주 억새의 이삭에 부서지는 하오의 햇살처럼 영롱하다. 아까부터 묵묵히 진열장 안을 들여다보고 있는 친구는 무슨 생각을 하고 있을까.

친구는 시집간 딸의 빈방에서 딸과 함께 보낸 즐거웠던 시간을 회상하며 딸이 많은 시간을 보낸 책상 앞에 앉아 책상을 쓸어보다가 서랍을 열어보았다. 서랍 속엔 딸의 손때가 묻은 문구들이 잘 정돈되어 있었는데 그중에서도 예쁜 분홍색 헝겊 필통이 눈에 쏙 들어왔다. 무슨 용도였는지 여느 필통보다 배나 큰 그 헝겊 필통은 고운 때도 채 묻지 않은 새것이었다. 어쩜 이렇게 고울 수가 있을까 싶도록 예쁜 분홍색이었다. 마땅한 용도를 궁리하며 만지작거리는 데 전광석화처럼 근사한 생각이 떠올랐다. 보석 주머니! 혹시라도 하여 여기저기 흩어서 감추어 놓은 보석들은 모아 넣어두기에 안성맞춤일 것 같았다. 분산만 아니라 보석이 아닌 것처럼 위장하느라 얼마나 꾀죄죄하게 보이도록 해 두었던가. 촘촘

한 누빔이 보석의 간수에 안성맞춤일 것 같았다.

친구는 제 것은 물론이고 보관 중인 딸의 혼수 예물까지 모두 그 헝겊 필통에 넣었다. 갓 결혼한 딸들은 자신의 패물을 곧잘 친정에 맡겼다. 처음으로 많은 패물을 갖게 된 딸들은 그 보관이 불안한 모양이었다. 친구의 고명딸도 그랬다.

그새 신경을 얼마나 썼던지 패물을 한군데 모으게 된 것이 그렇게 홀가분할 수가 없었다. 큰 숙제를 해결한 듯한 해방감과 보석함까지는 아니었지만, 격에 맞는 예쁜 집에 넣었다는 만족감으로 그 분홍색 헝겊 필통을 책장 속 한곳에 감추고는 마음을 놓아버렸다.

막내아들을 끝으로 삼 남매를 모두 혼인시켜 떠나보낸 친구는 정들었던 주택에서 아파트로 이사를 했다. 아들딸이 쓰던 많은 참고도서와 책장, 책상 일습을 집을 산 사람에게도 학생들이 있어 모두 인계하게 되었다고 퍽 기뻐하였다. 아들딸의 꿈과 체취가 밴 것들이 함부로 버려지지 않고 다른 사람에게 필요하게 된 것이 무척 흐뭇한 모양이었다. 이 책과 책상을 쓰며 우리 아이들이 건강하게 자랐고, 좋은 학교에 진학했으니 댁의 자녀들에게도 좋은 일이 있을 것이란 덕담까지 덧붙였다고 했다.

아파트로 이사 온 지 반년여도 더 지난 어느 날, 불현듯 그 분홍색 헝겊 필통이 떠올랐다. 뜬눈으로 밤을 새운 친구는 예고 없이 예전 집을 찾아갔다. 밤새 온갖 각본이 그의 머릿속에서 지어졌다 지워졌다 했다. 이사 온 사람은 이삿짐을 정리할 때 많은 것을 고물상에 넘겼는데 그때 딸려 나갔는지 전혀 모르는 일이라고 했다. 우리는 그 책장이, 또는 책들이 그대로 있더냐고 물으려다 말을 꿀꺽 삼켰다. "내 집 호미를 잃어버리고 나면 옆집 사람의 일거수일투족이 모두 잃어버린 호미와 연관 지어 생각된다"라는 영국의 속담처럼 친구의 마음도 그랬을 것이기 때문이었다.

목선이 예쁘게 파인 청남색 원피스 위로 드러난 친구의 하얀 목이 그날따라 유난히 허전해 보였다. 예전 같았으면 그 긴 목에 청옥이나 알이 굵은 진주, 또는 다이아몬드가 빛나는 목걸이를 하고 있었을 것이기 때문이었다.

며칠 후에 있을 그의 생일에 딸이 좋은 진주 목걸이를 선물하기로 약속했다고 수줍은 듯이 말하는 얼굴에 기대와 설렘이 어려 있었다. 제 것도 함께 잃어버린 처지에 멋쟁이 엄마의 마음을 헤아린 딸의 마음이 예뻤다.

주 진열장 앞에서 걸음 떼기를 잊은 듯한 친구에게 보석 맹인 내가 수다를 떨었다. 에메랄드, 사파이어, 루비 등 들은 적 있는 보석 이름을 대며 그게 어느 것이냐고 물었다. 그는 내가 첫 번째로 물은 에메랄드를 중심으로 좌표를 읽듯 그 옆, 그 위, 그 아래 몇 번째 하고 위치를 가리키며 설명했다. 그와 인연이 닿았던 보석을 말할 때는 그것을 갖게 되었을 때의 이야기도 곁들였는데 그때를 추억하는 듯 행복한 표정이었다. 너무도 어이없이 잃어버린 보석에 대한 애석함으로 착 가라앉았던 그의 목소리가 차츰 제 빛깔을 찾아갔다.

나뭇잎에 스치는 미풍에도 마음이 설레던 시절, 영랑의 시 <돌담에 속삭이는 햇발>에서 만난 '에메랄드'는 외국어란 이유만으로도 근사했다. 바로 앞의 '보드레한'과 같이 가만히 읊조리면 입안에서 졸졸 시냇물이 흐르는 듯했다. 에메랄드가 보석 이름이라는 걸 알고는 어떤 빛깔일지 궁금했다. 시 속에 '봄길'이 있고, '실비단 하늘'이 있어 연둣빛을 띤 푸른색쯤으로 막연히 상상했다. 진열장 조명에 분사되는 에메랄드빛이 봄날 연둣빛 여린 잎새에 부서지는 햇살 같았다.

친구가 보석 잃은 이야기를 했을 때 우리는 “어쩌면 그럴 수가” 하면서도 웃음을 참을 수가 없었다. 그처럼 대형 사고까지는 아니더라도 다들 그 비슷한 경험이 있었기 때문이다. 타인이란 거울을 통해 보는 자기 모습은 어찌 그리도 우습던지. 처음에는 미안해하며 웃다가 웃음은 웃음을 불러 폭소로 이어졌다. 상심에 젖어 있던 친구는 처음엔 놀람과 서운함이 뒤섞인 당혹한 표정이더니 이내 따라 웃고 말았다. 우리는 허리가 아프도록 웃었고 친구도 얼굴이 빨개지도록 웃더니 눈 안쪽에 맺힌 눈물을 손수건으로 찍어내며 부끄러운 듯 방긋했다.

친구는 답답하던 가슴이 뻥 뚫린다고 했다. 잃어버린 사람이 죄가 더 크다는 말이 꼭 맞더라며 그간의 마음고생을 내비쳤다. 무소유가 얼마나 편한 것인지 알겠더라고, 법정 스님의 난분에 관한 글 이야기도 했다. 그것들을 지니고 있을 때의 부담감을 털어놓으며 해맑게 웃었다. 잃어버린 분홍색 헝겊 필통 속 패물들이 친구의 가슴속에서 무소유라는 이름의 향기로운 보석으로 되살아난 것 같았다.

어느 가을날

-안적사 골짜기-

앞에서 두 번째 자리에 앉아 앞쪽으로 번져오는 물기를 무심히 보고 있었다. 무슨 물이냐고 누가 흘린 물이냐고 버스 기사가 소리쳤다. 반사적으로 돌아보니 건너편 좌석에 앉은 부인이 내 쪽을 가리켰다. 당황하여 옆 빈자리에 기대어 둔 배낭을 살펴보니 아래에 물이 흥건했다. 얼른 수건을 꺼내 황급히 닦고 안을 들여다보니 아뿔싸, 보온병 속 마개는 약수터에 두고 겉 마개만 닫은 거였다. 가져간 뜨거운 물은 커피를 타서 나누어 마시고 대신 약수터 물을 받아오던 터였다. 어, 보온병 속 마개가 없네. 일부러 크게 말하여 우선 바닥의 물이 깨끗한 산물임을 버스 안 모두에게 알렸다.

배낭을 메고 있었을 땐 보온병이 바로 세워져 있고 비록 겉 마개뿐이었지만 꼭 닫혀 있어 출렁거리긴 했어도 새지는 않았던 것 같다. 문득 물을 받을 때 안적사 거북 약수터의 돌 거북 머리 위에 속 마개를 올려두었던 생각이 났다. 얹으면서 돌 거북의 색깔과 연회색 속 마개의 색깔이 썩 잘 어울린다고 생각했던 기억도 났다. 새것의 윤기는 사라진 지 오래되었지만 변함없는 보온 기능으로 야외에 나갈 때 곧잘 가지고 다니는 보온병이었다. 누군가 제 보온병을 꺼내며 보온병은 역시 일제지 하고 자랑했을 때 그보다 더한 뜨거움으로 그를 놀라게 한 전적이 있는 자랑스러운 메이드 인 코리아 제품이었다. 순간 사물에도 정령이 있다더니 보온병과의 인연이 여기까지인가 하는 서운한 생각이 스쳐 지나갔다. 깨질 염려 없고 녹도 슬지 않는 스테인리스강 재질이어서 언제나 내 곁에 있을 줄 알았었다.

보온병 전체를 무용지물 되게 할 수 있는 조그맣고 낡은 플라스틱 마개의 비중에 놀라, 생각에 잠겼는데 한 친구가 속 마개를 둔 자리가 확실하냐고 묻더니 내일 다시 그곳으로 찾으러 가자고 했다. 이렇게 피곤한데 내일 또? 연거푸 산행이 가능할까 하는 걱정과 나의 부주의로 인해 생길 고생에 대한 미안함으로 대답을 머뭇거리고 있으니 내일은 안적사 입구에서 버스를 내리자고 피로를 더는 해결책까지 제시했다.

지하철 2호선 동백역에서 내려 장산 정상을 거쳐 기장 안적사 쪽으로 하산하여 집으로 돌아가는 중이었다.

직행버스의 푹신한 좌석에 깊숙이 앉아 약간 무리했던 산행으로 얼얼한 무릎을 쓸며 여태 가시지 않은 가을 정취를 반추하던 참이었다.

다음 날, 안적사 골짜기에 펼쳐진 가을 풍경은 장관이었다. 파란 가을 하늘 아래 뿌리 쪽에 한 뼘쯤 연둣빛이 남아있는, 줄기 끝으로 올라가면서 점점 맑은 갈색을 띠어가는 벼의 물결은 이삭 끝에서부터 금빛으로 물들고 있었다. 추수하기에는 조금 이른 논에는 최선을 다한 농부의 정성이 알알이 영글어 있었다. 한없이 넉넉하고 자애롭고 흐뭇한 가을 들판은 생명에의 외경과 근원적인 그리움으로 보는 것만으로도 가슴이 설레고 푸근했다. 아쉬움에 뒤돌아본 골짜기에는 아담한 다랑이논들이 그림 같고, 보송보송한 가을 햇살이 미풍에 윤슬처럼 반짝거렸다. 밀레의 <만종> 속 부부처럼 기도하고 싶고, “주여, 때가 되었습니다. 여름은 참으로 위대했습니다.”로 시작되는 릴케의 <가을날>의 한 구절이 저절로 읊조려지는 경건한 풍경이었다.

안적사 입구에서 버스를 내려 올라간 거북 약수터 돌거북 머리 위에 보온병 속 마개가 어제 올려 둔 그대로 놓여 있었다. 반가웠다. 속 마개도 목을 늘이고 눈이 휑

하도록 우리를 기다린 듯했다. 무생물이라고 어찌 느낌마저 없으랴. 아마 속 마개도 우리만큼 반가웠을 것이다.

그저 아, 좋다! 라는 탄성 밖에 나오지 않던 가을 들녘. 세상의 그 어떤 수사로도 모자랄 것 같은 가을 들판. 마음씨 좋은 화물차 기사를 만나 그 차 짐칸, 운전석 뒤판에 기대앉아 골짜기를 바라보며 가을을 만끽했다. 우리는 터질 것 같은 가슴으로 자연에 대한 예찬과 경이로움을 노래했다.

인간과 대지와 하늘의 축복을 다 모은 듯한 가을 들녘이었지만 가을이 가기 전에 다시 그곳을 찾을 계획은 없었다.

우리의 감탄이 그렇게도 미쁘셨을까. 대지의 신께서는.

보온병 속 마개를 찾아오며 느닷없는 속 마개 잊음이 우리의 찬미에 대한 대지의 초대였을 것이라는 오묘한 생각이 들었다.

뒷산

길이 이렇게 넓어지다니. 정말 그 길이 맞는 걸까 하고 위쪽을 쳐다본다. 원근법의 소실점 같은 그곳은 언제나 신비한 세계로 들어가는 통로처럼 안개가 자욱한 듯했는데 환하다. 갈 짓 자를 여러 개 비스듬히 이어 놓은 것 같은, 비탈이 매우 심한 길이 제법 곧아 보인다.

무성하던 잎들을 내려놓은 길가 나무들이 저만치 물러난 것 같다. 길이 겉잎을 서너 겹 벗겨낸 배추 이파리들을 흩뿌려 놓은 듯하다. 연한 황록색 낙엽들이 바람이 불 때마다 달싹거린다. 일렁이는 물결에 움직이는 몽돌을 연상시킨다. 낙엽 위를 스치는 바람 소리도 몽돌 새로 흐르는 물소리 같다.

흙을 다져 층을 내고 계단을 만들어 그 가장자리에 통나무를 고정한 아미동 쪽 산길은 늦가을이 되기까지 우거진 잎들로 터널을 이루었다. 위로 갈수록 폭이 좁아지는 그 길은 밑에서 보면 꼭짓점 부근이 늘 그윽하고 몽롱한 듯하여 『좁은 문』의 '알리사'나 『전원교향악』의 '제르뜨뤼드'가 산책하는 음울한 장원 속 분위기를 연상케 했다. 그 너머에 있는 공동묘지가 내 의식 속에 잠재해 있어서일까. 산길에 허허로운 평화가 가득하다. 나뭇가지 사이로 보이는 연한 청회색 하늘이 담박하다.

가을이 깊어가는 것과 비례하여 무덤들이 점점 많아지는 것 같다. 풀덤불이 겨울을 재촉하는 바람에 까부라지자 봉분들이 차츰 도드라진다. 세상에, 옥녀봉 전체가 무덤인 것 같다. 봉긋한 은갈색 봉분들이 마치 수백 개의 브래지어를 엎어놓은 것 같기도 하고 잘 부푼 찐빵을 가지런히 진열해 놓은 것 같기도 하다. 한때는 서로 키 재기라도 하듯 어지간히 높았을 분묘들이 세월에 마모되어 고만고만한 곡선이 의좋은 이웃처럼 푸근하다.

무덤들이 하나같이 솜씨 좋은 이발사가 이발해 놓은 것 같다. 6·25 때 생긴 묘라든가, 무슨 유사종교의 집단묘라든가. 무연고 묘가 대부분일 것이라는 소문이었는데 추석을 지나고 보니 봉분의 떼가 모두 예쁘게 손질되어 있다. 추석이 가까워지면 마을 청년회에서 무연고 묘를 돌본다는 소문을 들었다.

곰처럼 등산을 하지 않는 남편이 돌탑 너머에 공동묘

지가 있고 그리로 넘어가면 아미동 쪽이 된다고 하더니 앞장선다. 나의 등산은 늘 돌탑이 반환점이다. 돌탑에서 이름도 애달픈 며느리밑씻개꽃이 무리 지어 핀 내리막길을 지나 오르막길로 접어들자 무덤이 나타나기 시작한다.

며느리밑씻개, 아기의 손톱에 연한 홍자색 꽃물을 들인 듯한 작은 들꽃이 해맑다. 생각보다 작고 여린 잎을 보며 애잔한 마음에 나도 모르게 어루만지려 하자 '손대지 마세요!'라고 하는 듯 따끔하다. 깜짝 놀라 손을 떼고 자세히 들여다보니 며느리의 한이 맺힌 듯 줄기에 보일 듯 말 듯 한 가시가 촘촘히 박혀있다. 한 시대의 시집살이가 얼마나 고단했을지 풀의 이름만으로도 알 듯하다.

언제 와 보았는지 남편은 공동묘지를 마치 고향 들판을 거닐 듯하며 주위 경관을 설명한다. 나도 덩달아 소풍 나온 기분이다. 그 뒤 혼자 갔던 두세 번째까지는 쭈뼛쭈뼛했지만, 곧 콧노래를 부를 만큼 편안해진다. 항상 그런 것은 아니다. 날씨가 흐리거나 어떤 해 질 녘은 스산한 기분이 들면서 꼭 뒤에서 무엇이 잡아당기는 듯하여 종종걸음을 치기도 한다. 내 마음에서 비롯된 무섬증이다.

앞서가던 남편이 걸음을 멈추더니 돌아보며 재미있다는 표정을 짓는다. 가까이 가서 보니 길 안쪽의 한 무덤 앞에 흰 플라스틱 팻말이 꽂혀 있다. 해마다 저희 아버님의 묘를 성묘하시는 분께서는 저희가 아버님의 묘를 고향으로 이장하려고 하니 아무 날짜까지 꼭 연락을 바란다는 내용과 휴대전화 번호가 적혀 있다. 그 무덤을 서로 다른 두 가족이 해마다 성묘해 온 모양이다.

유택의 혼백도 꽤 곤혹스러웠을 듯하다. 아무리 여기가 아니라고 손사래를 쳐도 명계와 인계가 다른 성묘객이 알아챌 리 만무했으므로. 마침내 유택의 혼백은 해마다 남의 무덤에 성묘하러 오는 딱한 성묘객의 부친 혼백을 찾아 나섰고 수소문 끝에 그리 멀지 않은 곳에서 찾았지 싶다. 세월이 흘러도 하관 되던 날의 남루와 황망함을 잊을 길 없어 자손 걱정으로 시름없는 망혼을 위로하고 성묘 때가 되면 그 혼백을 상석 앞에 모셔다가 당신 자손의 흠향을 받게 했을 것이다. 숨어서 남의 유택에 배향하는 자손을 안타까이 지켜보던 혼백은 삶의 격랑을 씩씩하게 헤쳐 온 자손을 대견하게 바라보았을 듯하다. 양가의 성묘객이 다녀간 후 두 혼백은 술잔을 부딪치며 회포를 나누었을 것 같다.

우리 내외는 어느 쪽이 무덤의 진짜 주인일까. 혹시라도 팻말의 주인이 잘못 알았다면 하는 상상과 두 집 자손이 만나 이 또한 인연이라며 정을 나눌 생각을 하며 즐거워한다.

아이들이 마음 닿는 대로 동네를 한 바퀴 돌 듯 나는 곧잘 무덤 사이를 거닌다. 그럴 때면 해맑은 영령들이 유택에서 나와 삼삼오오 해바라기를 하며 담소하고 있을 것 같기도 하고, 치열했던 삶을 반추하며 해탈의 미소를 짓고 있을 것 같기도 하다. 해거름엔 피안을 보는 듯한 그윽함이 있기도 하다.

산비탈을 층을 내어 자로 잰 듯 봉분이 꽉 들어선 공원묘지는 망자들의 아파트 같고 산 윗자락까지 깎아 만든 묘원은 고층 대단지 같다.

사람 사는 동네가 훤히 내려다보이는 옥녀봉 공동묘지는 소박한 영령들이 서로를 위로하고 의지하며 사는 아늑한 마을 같다. 거기 서면 한 생을 내려놓고 대지로 돌아가는 마른풀 같은, 인내하고 감수(甘受)한 고귀한 생애가 공기처럼 흐른다.

구전민요 채록 소고

-삼랑진읍 임천리 농요-

국문학과 1학년 2학기 과제로 구전되어 오는 민요, 민담, 설화, 전설 등 구비문학을 채록하게 되었다. 우리 팀은 장소를 밀양시 삼랑진읍으로 정하고 장르는 현지 여건에 따르기로 했다. 삼랑진 청년회로부터 이웃한 임천리의 김경돌 님이 상엿소리와 성주풀이 등의 민요를 잘한다고 듣고 찾아갔으나 이미 고인이었다. 임천리 마을회관 앞에서 김기태 님을 만나 노동요 중 하나인 모심기 민요 두 편을 채록할 수 있었다.

"모여 모여 노랑 모여~ 니 언제 커서 한 상할래~"
구연자의 음성이 마디마디 쉬어가듯 휘감겼다.
"이달 크고 저 달 커서 칠팔 월에 한 상할래~"
풍년을 기원하는 노랫가락이 흥겨우면서도 애잔했다.

넘쳐 넘쳐 두럭(벼랑) 끝에/ 무정하다 저 오라바
나도 죽어서 우성(後生) 가서/ 낭군님 한 번 생겨볼세.

갑자기 물이 불어 아내와 누이동생이 계곡물에 빠졌는데 아내를 먼저 살려내니 누이가 떠내려가며 저승(後生) 가서 자기도 결혼하여 낭군을 얻겠다는 뜻이라고 했다. 얼핏 농사를 독려하고 풍년을 기원하는 노래의 가사로 어울리지 않는다는 생각이 들었지만, 흥을 북돋우는 가락으로 한보다 더 감칠맛 나는 소재는 없을 것이란 생각이 들었다.

늦모를 낼 때면 밥 먹으러 가는 시간마저 아끼려고 박 바가지에 밥을 담아 논물에 띄워 놓고 손으로 집어 먹었다고 했다. 찌는 듯한 땡볕 아래서 토시 속으로 나락 잎이 사정없이 파고들고 콧물이 흘러도 훔칠 새도 없이 김을 매고 흙을 북돋웠다. 튼실한 뿌리가 내려 건강한 나락으로 자라서 이삭 끝에 깨알 같은 흰 꽃을 수북이 피우고 낟낟이 다 수분하라고. 나락도 모를 내며 "언제 커서 한 상할래" 하는 농부의 간절한 소망을 모르지 않았을 것이다. 첫 새벽부터 채비하여 온종일 일을 해도 내일 할 일이 또 산더미만큼 쌓이는 농사일. 그 고단함과 지루함을 덜기 위하여 농요를 불렀다고 한다. 농요는 아침나절에 부르는 노래, 점심때 부르는 노래,

저녁나절에 부르는 노래가 다 달랐다고 했다. 구성진 노랫가락에 손길이 빨라지면 나락도 신이 나서 부지런히 자양분을 빨아올렸지 싶다.

1971년 경지 정리를 할 때 모두 베어버린 냇가의 숲을 대신하여 주민들이 심었다는 십여 그루의 어린 회화나무들이 아름드리 수목으로 자랐다. 동서로 숲이 있어야 마을에 재앙이 없다는 윗대로부터 내려오는 마을 어른들의 말씀을 듣고 심었다고 했다. 회화나무를 울타리 삼아 어린이 놀이터와 팔각 이층 정자가 있었다. 동네의 나이 드신 분들이 삼삼오오 정자로 모여들었다. 우리는 준비해 간 다과와 막걸리를 대접하며 구연자께 농요를 청했다. 구연자는 진심으로 우리들의 과제를 도와주고 싶어 했지만 겨우 두 곡을 부르고는 더 생각이 나지 않는다고 했다. 군 복무를 포함한 십여 년의 타향살이를 접고 귀향하여 삼 대째 내리 고향에 살고 있다는 그분의 목소리가 매우 구성졌다.

노랫말만 알면 누구나 금방 따라 부를 수 있을 것 같은 농요도 선창하려면 많은 연구와 연습이 필요했다고 한다. 그분도 처음부터 선창을 잘할 수 있었던 것은 아니었다. 고단한 농심을 이끌어야 하는 선창을 잘하기 위해 어디서 호흡을 끊고, 어디서 늘여야 할지 가늠하며 불러보고 또 불러보았다고 했다. 칠십여 평생을 단 한 번도 고향을 떠나지 않고 농사만 지어왔다는 참관자도 몇 분 있었지만, 농요의 채록에는 도움이 되지 못했다.

방언의 채록은 그 고장에서 조상 대대로 살아온, 타향살이의 경험이 전혀 없는 것이 좋지만 농요의 채록에는 무엇보다 풍류를 좋아하고 즐기는 끼가 있어야 할 것 같았다.

1980년대에 들면서 이앙기로 모를 내기 시작하자 점차 농사도 기계화되어 집단 농요를 부를 필요가 없어졌다. 어린 모 사이로 퍼져나가던, 마을 사람들의 정과 한이 어우러진 선후창은 사라지고 대신 농기계 속 라디오가 지치지도 않고 온갖 노래들을 쏟아냈다. 모를 내며 "니 언제 커서 한 상할래" 하던, 절대 식량이 부족하여 한 뼘의 땅도 놀리지 않던 농촌은 이제 농기계가 없으면 문전옥답도 놀려야 할 지경이라고 했다.

우리의 귀중한 문화유산인 구비문학을 기억하고 구연할 수 있는 분들이 한 분 두 분 유명을 달리하고, 생존해 있어도 기억이 점점 희미해져 갈 것이다. 그 노래를 함께 부르고 즐기던 세대들도 점점 나이를 먹어간다. 아직 채록하지 못한 구비문학이 세상의 빛도 보기 전에 사라지면 어쩌나 하는 걱정이 들었다.

채록한 것을 정리하기 위해 녹음해 온 것을 몇 번이고 반복해 들었다. 저절로 어깨가 들썩여지도록 가락이 흥겨우면서도 애조를 띠었다. 삶의 무게가 묵직하니 느껴지고 마음이 젖어왔다. 유년 시절 "고개 중에서 제일 넘기 힘든 고개가 무슨 고개 게?" 하는 수수께끼에 그 뜻은 몰라도 답을 아는 것에 신이 나서 "보릿고개!"하고 소리쳤던 눈물겨운 보릿고개도 떠오르고 그 고개를 끝내 넘지 못해 입도선매할 수밖에 없었던 가난한 농민들의 한이 저려왔다.

흥과 한, 이질적인 두 정서가 절묘하게 어우러진 농요. 나는 농요가 초록의 들판에 울려 퍼지는 전원의 합창까지는 아니어도 자연과 노동을 찬미하는 낭만적인 노래인 줄 알았다.

추억 하나 추가

- 홍도 -

‘홍도’ 하면 홍어와 탁주, 홍탁이 유명하다고 하지만 나는 단연 농어다. 비록 소금에 절였지만 맑은 눈알, 쪽빛 바다를 닮은 세련된 청회색 하며 넓지도 좁지도, 두껍지도 얇지도 않은 근사한 몸통은 물고기 중 신사라고 하여도 아무도 이의를 달지 않을 듯하다.

생전에 바닷가에 살았다고 하면 “오뉴월 농어를 먹어 봤느냐”고 저승사자도 부러운 듯이 물어본다는 담박하면서도 기름진 맛 농어. 오래전에 남편이 홍도에 낚시를 하러 갔다가 돌아온 얼음 상자 속엔 어른 팔뚝 길이만 한 농어가 가득 쟁여져 있었다. 그러고도 남아서 크라프트지에 여러 겹 싸고 그 위를 다시 비닐로 싼 꾸러미가 또 있었다. 솜씨 좋은 섬 아낙이 손질한 농어는 신선하고 구수한 냄새가 향긋하기까지 했다. 꼭 어릴 적 외할머니의 봇짐에서 나오던 말린 생선에서 나던 그 냄새 같았다.

물 반 고기 반, 남편은 릴을 감아올리기만도 팔이 아

플 지경이었다고 했다. 사기로 된 눈 홀림 새우를 덥석 덥석 물더라는 농어들. 의심이라는 것 자체를 모르는 물고기들. 그 순진무구한 물고기들이 사는 바다는 얼마나 아름다운 곳일까. 언젠가는 가 보리라. 그때부터 홍도는 내 마음속에 자리 잡게 되었다.

흑산도에서 홍도에 도착한 것은 오후 4시가 조금 지나서였다. 잿빛 하늘에서 가랑비가 내려 안갯속 섬의 모습이 그윽했다. 유람선을 타고 바다로 나가니 생각보다 바람이 셌다. 바닷가에서 불던 바람하고는 차원이 달랐다. 다 낫지 않은 감기에 서늘한 안개도 두려움이었다. 오슬오슬 한기까지 들었다. 홍도 안내까지 겸하는 유람선 선장은 선실 안에서는 제대로 구경을 할 수 없으니 갑판으로 나가라고 거듭 재촉했다. 못 나가는 내 마음이 더 안타깝다는 걸 알 리 없었으므로. 선실 창 너머로 보는 홍도 33경이 안개에 가려 저기가 거기 같고 거기가 저기 같았다.

바람 없는 날이면 수심 10m 아래도 보인다는 청정해역 홍도. 그 바닷가에서 멀리 수평선을 바라보며 무한한 우주와 '참을 수 없는 존재의 가벼움'에 대하여 사유하고 싶었다. 섬 전체가 천연기념물로 지정된 홍도의 아름다운 풍광을 감상하고 절벽 어느 바위틈에 뿌리를 내리고 서 있는 해송을 바라보며 생명의 강인함을 음미하고 싶었다. 일몰 직전 섬 전체가 붉게 물들어 홍도라고 한다는 그 장엄한 낙조도 보고 싶었다. 밤이 되면 2구 마을에서 20초마다 세 번씩 깜빡거려 뱃길을 인도한다는 등대의 불빛도 지켜보고 싶었다.

어슴푸레한 첫 새벽에 섬에서 제일 높다는 깃대봉(365m) 등산에 나섰다. 산 대장은 전날 저녁부터 배 출발 시간에 늦지 않기 위하여 짐은 미리 싸두라고 거듭 일렀다. 아침 식사도 산행을 다녀와서 간편식으로 재빨리 끝내야 한다고 했다. 너무 서둘러선지 처음부터 등산로를 잘못 들었다. 후미에서 보니 인솔자는 길이 애매한지 새벽길에서 만난 동네 아낙에게 길을 묻는 것 같았다. 깃대봉 정상에 도착했을 땐 시간이 예정을 초과한 모양이었다. 길을 잘못 들어 허비한 시간을 벌충하기 위하여 하산 길은 더욱 서둘렀다. 아래가 절벽이다, 시퍼런 바다다! 하는 비명 같기도 하고 신음 같기도 한 소리가 조금 전까지만 해도 부러움의 대상이었던 선두 쪽으로부터 들려왔다. 덤불에 긁히며 앞사람을 놓칠세라 허겁지겁 내려가던 참이었다. 낭떠러지, 바다. 모두 아연실색했다.

혈당이 떨어져 쓰러지려는 사람이 있다고 사탕 가진 사람을 찾는 다급한 소리, 물 가진 사람 찾는 소리, 이런 적은 없었는데 하며 비상식량을 준비하지 못한 것을 자책하는 소리, 소리. 아침은 고사하고 오전 배를 놓칠 절박한 상황에 직면했다. 동네 뒷산이라고, 산이 낮다고 만만하게 여긴 탓이었을 것이다. 깃대봉 정상으로 되돌아가서 찾아낸 등산로는 조금만 여유 있게 둘러보았더라면 금방 눈에 띌 위치에 있었다. 길 또한 군 시설이 있어서 그런지 보도블록을 깔아놓은 듯 좋았다. 유람선 출발 시간에 늦으면 안 된다는 강박관념에서 비롯된 실수였다. 다행히 섬에 응급환자가 생겨 배가 삼십 분 늦게 출발하는 바람에 우리의 승선 문제는 아침을 굶는 것으로 해결되었다. 주최 측은 이름 있는 산악회였고, 일행들 또한 대부분이 산행에는 일가견이 있는 그 산악회의 고정 회원들이었다. 더군다나 전날 유람선을 타고 섬을 한 바퀴 돌 때 우리들의 숙소가 있는 일구 마을을 뺀 섬의 가장자리 대부분이 기암괴석과 낭떠러지로 이루어진 것을 본 터였다. 홍도에 간다기에 무작정 따라나선 나 같은 풋내기는 몇 안 되었다.

하산 길의 소동은 공동의 화제가 되어 섬으로 들어갈 땐 삼삼오오 끼리끼리 앉았던 일행들이 나가는 배에선 하나의 커다란 원을 이루어 앉았다. 초등학교 소풍 때 반 전체가 빙 둘러앉아 등 뒤에 몰래 손수건 놓기 놀이 하던 때처럼. 위기를 함께 극복한 연대감은 공동체라는 훈훈한 정을 샘솟게 했다. 전날 무덤덤했던 사람들과도 마주 보고 웃으며 위기의 상황들을 리얼하게 이야기하며 웃고 또 웃었다. 올라갈 때부터 길을 잘못 들었던 실수는 그보다 더 큰 하산 길의 위기에 묻혀버리고 우리는 내내 낭떠러지, 시퍼런 물, 혈당, 사탕 이야기로 이야기꽃을 피웠다. 생각해 보면 큰 위기는 작은 위기에서 비롯되었는데.

그 후 '홍도' 하면 농어보다 깃대봉이 먼저 떠오르고 그날 산행이 생각난다. 그때 내가 얼마나 기진맥진했던지 지금도 그 얘기를 하면 같이 갔던 친구들은 내 얼굴이 새하얗게 되어 귀신이라도 본 듯하더라고 놀린다.

작은 섬, 높은 곳에서 아래로만 내려가면 마을에 닿을 것이고 거기가 어디든 숙소와는 크게 멀지 않을 것이라는 너무도 안일한 생각. 가끔 그런 오판을 할 때가 있다. 그럴 때 깃대봉 산행이 떠오르며 제동을 걸어주었으면 좋겠다.

놀람도 두려움도 모두 즐거운 추억이 된 홍도. 다음엔 진짜 홍도를 즐기고 싶다.

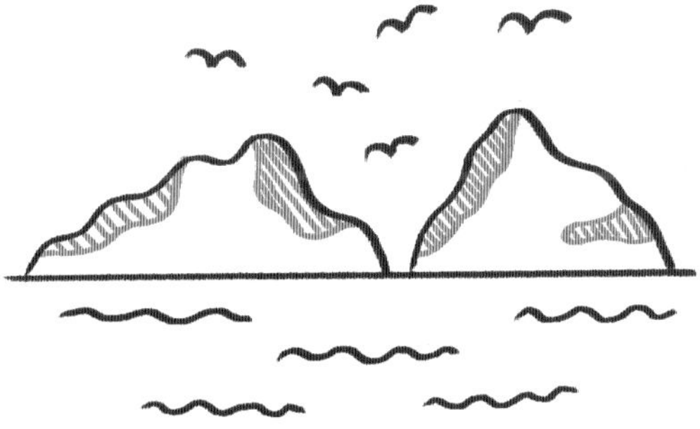

집밥

의류 보세가공 공장이 음식점으로 대변신했다. 우중충한 시멘트벽에 간간이 '직원 모집'이니, 자사 제품을 마진 없이 판다는 '파격 세일' 같은 광고가 나붙던 공장이었다. 주위가 밝고 깨끗해져 좋긴 했으나 제조 시설에서 소비의 장으로 변한 그 엄청난 변신에 기분이 묘했다. 아하, 이럴 수도 있구나 싶었다.

갈비, 냉면, 물꽁, 랍스터, 생선회, 복요리, 한방 유황오리에서 통 연탄구이까지. 통 연탄구이? 조리용 불로 차별화하겠다는 뜻 같은데 간판만 보고는 무엇을 연탄에 굽는 건지 모르겠다. 국민소득의 향상으로 도심에서 자취를 감춘 지 꽤 오래된 연탄. 아련하기도 하고 희한하기도 하여 한참 동안 가게 안을 들여다봤다. 잘 피운 탄불 위에 제철 생선을 구우면 구수한 냄새와 함께 생선 기름이 불 위에 톡톡 떨어지며 치직하고 작은 불꽃을 피웠다가 잦아들곤 하던 기억이 떠올랐다. 그 일품이던 생선구이. 연탄불엔 생선만 굽는 줄 알았는데 아닌 것 같았다. 연탄 한 개가 들어갈 원형 깡통 수십 개가 줄지어 있었다.

주택가 도로변에 늘어선 음식점 간판들이 마치 음식 백화점 같았다. 즐비한 음식점 앞을 지나노라면 집집의 식탁이란 식탁은 죄다 나와 있는 듯한 착각이 들기도 했다. 핵가족 시대. 단출한 식구, 시차가 있는 식사 시간. 식탁 앞에 앉을 사람도 하나 아니면 둘, 많아야 셋. 사람들은 외롭지 않으려고 모임을 만들고 외식을 하는지도 모르겠다.

딸네가 온다는 연락이 왔으니 어서 저녁 준비를 하라는 남편의 전갈이 왔다. 남편도 아이들과 함께 먹겠다고 했다. 저녁 먹을 사람이 나밖에 없어 홀가분한 마음으로 마트에서 좀 지체한 사이 생긴 일이었다. 냉장고 문을 열었다가 벽시계를 봤다가 외식 쪽으로 방향을 잡았다. 가스레인지도 냉장고도 없던 시절에도 어머니는 아궁이 연탄불만으로도 예고 없이 오신 손님에게 정성어린 밥상을 차려내셨는데……. 날마다 음식점 간판을 보고 다니는 사이에 나도 모르게 세뇌된 모양이었다.

삼계탕집에서 겨우 우리 식구들이 앉을 수 있는 자리를 찾았다. 맨 안쪽 에어컨 바로 앞, 옹색한 자리였다. 비좁거나 말거나 딸네의 두 삼배기 쌍둥이들은 낯선 장소의 탐색에 들어갔다. 우리는 쌍둥이들이 혹시라도 쇠젓가락을 에어컨 틈새에 넣을까, 수십 개의 공깃밥이 든 보온밥통 위에 올라갈까 살피느라 노심초사했다. 언뜻 외손녀를 보니 언제나 생글생글 웃는 다섯 살배기가 고 작은 입술을 꼭 다물고 동그란 눈동자를 크게 뜨고 잔뜩 긴장하여 제 동생들을 지켜보고 있었다. 경황이 없는 와중에도 그 모습이 기특하고 대견했다. 제 딴에도 동생들이 무척 위태로운 모양이었다. 외식하기로 했을 때 미안함 말고도 마음에 걸리는 게 있어 내내 뭘까 했는데 바로 이 점이었다.

틈새만 있으면 무엇이든 넣고 싶고, 장롱이든 종이 상자든 공간만 있으면 들어가고 싶은 두 살배기. 그 끝없는 호기심을 보고 있으면 생명이 경이롭고 우리의 미래가 무한히 발전할 것이라는 예감이 들기도 했지만, 그때만큼은 조마조마했다. 음식이 나오자 쌍둥이들은 언제 그랬느냐는 듯 탐색 놀이를 멈추고 제 엄마 아빠가 챙겨주는 음식을 냠냠 잘도 먹었다. 외손녀도 방긋 웃으며 먹고 있었다. 나는 음식이 코로 들어가는지 입으로 들어가는지 정신이 없었다. 아마 딸애도 그랬을 것이다. 음식점에서 나오니 온몸의 맥이 탁 풀리는 것이 한바탕 난리를 치른 느낌이었다.

막내 이모부가 외가에 오시던 날 외가는 담 너머부터 떠들썩했다. 우람한 체격만큼이나 호방한 성품의 이모부 음성에는 외할머니에 대한 사랑과 응석이 어리어 있었다. 한 손은 이모부의 커다란 손등에 얹고, 다른 한 손은 이모부의 넓은 등을 쓰다듬으며 "오느라고 욕봤제" 하시던 외할머니. 말씀은 적으셨어도 자애가 넘치던 모습이 선하다. 잔칫집 같던 성찬들. 그중에서도 씨암탉 백숙은 단연 최고였다. 투명한 연노랑 기름이 동동 뜨던, 결 따라 일어나던 쫄깃한 육질이며 깊고도 구수하던 그 맛. 이모부는 연방 바로 이 맛이야 하듯 감탄했다. 우리는 외할머니의 다함 없는 사랑과 정성을 만끽했었다.

가출하여 오랜 고생 끝에 대성한 사람에게 기자가 가장 힘들었던 점을 물었다. 그는 이렇게 표현해도 되는 건지 모르겠지만 이라고 하더니 '집밥'이라고 조심스럽게 말했다. 청소, 빨래 등 대부분의 일은 해결이 되었는데 '집밥'만은 극복이 안 되더라고 했다. 특급호텔에서 최고급 식사를 해도, 예전에 즐겨 먹던 것을 찾아가서 먹어봐도 뭔가 허전하더라고 했다. 집밥, 아 저렇게도 표현할 수 있구나 싶어 말하는 이의 간절함이 느껴졌다.

집밥, 요리연구가들이 양조간장과 구분하여 집에서 담근 간장을 재래식 간장이니, 조선간장이니 하다가 집간장, 집된장 하는 것은 들어봤어도 집밥이란 말은 그때가 처음이었다. 외식 사이트에 들어가 보니 온통 집밥 천지다. 현대인은 가출하지 않고도 집밥을 찾는 것 같았다. 식재료, 요리도구 등 모든 면에서 넘치는 풍요로움 속에 살면서 우리의 마음은 더 외로워진 것일까.

집밥, 어머니의 밥상, 그 한량없는 그리움. 어머니의 밥상에선 서러움도 아픔도 치유되었다. 위로와 격려가 가득한 어머니의 밥상에서 우리는 사랑과 관용과 용기를 함께 먹었다. 집밥은 곧 어머니와 동의어였다.

딱 무인 단속 카메라만큼만

승용차의 시동을 거는 데도 조수석의 친구가 가만히 있었다. 뒷좌석에서 지켜보던 다른 친구가 안전띠를 매었느냐고 물었다. 조수석 친구가 짙은 눈썹을 우스꽝스럽게 일그러뜨리며 벌써 맸다고 했다. 우리가 미처 타기도 전에 맨 모양이었다.

며칠 전 조수석 친구는 급한 와중에 도로변 옷 수선 가게에 잠깐 들를 일이 있었다고 한다. 조급한 마음에 차가 정차하기도 전에 안전띠를 풀고 있다가 정차하자마자 내리려는데 저만치서 교통 단속 경찰관이 손짓하며 오고 있었다. 잘못한 게 없는데 싶으면서도 자기를 향하여 오는 것이 분명한지라 바쁜 것을 꾹 참고 기다렸다. 다가온 경찰관은 안전띠 미착용 범칙금 고지서를 즉석에서 발급했다. 안전띠는 차가 완전히 정차할 때까지 풀어서는 안 된다고 하며. 예상치 못한 사태에 당황하여 모르고 그랬으니 한 번만 봐 달라고 사정을 했다가 애교를 떨었다가 했지만 소용없더라고 무슨 코미디처럼 얘기했다. 그런 내가 어찌 안전띠를 매지 않을 수 있겠느냐는 뜻이 내포되었을 것이다. 정중한 자세로 차렷, 경례까지 붙이고 돌아간 경관의 동작까지 흉내 냈다. 우리는 싱긋 웃으며 되돌아갔을 것 같은 젊은 경관을 상상하며 유쾌하게 웃었다.

범칙금 통지서가 우편함에 꽂혀 있었다. 열어 보니 눈에 익은 차의 사진이 선명했다. 사진 옆에 위반 사항이 적혀 있었다. 속도위반이었다. 며칠 후 또 한 장의 범칙금 통지서가 배달되었다. 자주도 걸리네. 혼잣말하며 무심코 두 장을 대조하다 깜짝 놀랐다. 날짜만 다르지, 같은 내용이었다. 나중에 온 것이 먼저 온 것보다 위반 속도만 일이 킬로미터 적을뿐이었다. 아니 똑같은 위반을, 그것도 동일한 장소에서.

막내가 시간 나기를 기다렸다. 그런데 정작 더 놀란 것은 막내 쪽이었다. 그때까지 막내는 위반 사유를 납득하지 못하고 있었고 또 사진이 찍힌 단속 카메라의 정확한 위치를 몰라 그 구간을 지날 때면 최대한 교과서적으로 운전하느라 무척 신경을 썼다고 했다.

아, 여기. 그제야 사진이 찍힌 위치가 감이 오는 모양이었다. 막내는 차도 크게 밀리지 않고, 경사도 없는 변두리의 팔 차선 도로에서 제한속도가 시속 육십 킬로미

터라는 것이 말이 되느냐고 열을 올렸다. 막내는 내가 알만한 도로를 예를 들어 그 제한속도의 불합리함을 역설했다. 부근의 다른 도로와의 형평성에서도 어긋난다고 덧붙였다. 사실 나는 운전에 대해 문외한이다. 그래도 알아듣는 척했다.

나는 막내의 의견에 전적으로 동의하면서 위반 사유와 무인 단속 카메라의 위치를 알았으니 그나마 다행이라고 위로했다. 말하면서도 속으로는 이건 아닌데 했다. 그렇다고 교통법규를 준수해야 하지 않겠느냐고 도덕 교과서처럼 말할 수는 없었다. 준법과 현실 사이의 괴리를 어찌할 수 없기 때문이었다. 주행 중 앞차와의 간격을 교통법규에서처럼 유지하고 있으면 웬 기회냐는 듯 좌우에서 차들이 끼어들어 준법 주행은 유명무실해지고 만다. 그러다가 만약 사고라도 난다면 앞차와의 간격을 지키지 않았다고 뒤차 운전자에게 책임을 묻는 게 현실이다.

무인 단속 카메라가 설치된 지점이 가까워지면 차 안의 내비게이션은 제한속도를 환기한다. 나는 그 대사를 들을 때마다 고소를 금치 못한다. 범칙금 예방을 위해 커닝하는 것 같기도 하고 공모하는 것 같기도 해서이다.

한참을 골똘히 생각하던 막내는 그 도로는 더 나아가면 차선이 하나 줄어든다고, 제한속도의 합리성을 끌어내려 애썼다. 하더라도 그 거리는 상당히 떨어져 있다고 아쉬움을 나타냈다. 또 한참을 생각하더니 자신이 그곳을 통과할 때는 매우 이른 시각이어서 도로의 정체 현상을 알지 못하는지도 모른다고 양보했다. 자동차의 구조와 역학관계를 공부했고, 자동차와 도로의 상관관계에 대하여 관심이 많은 막내는 그 제한속도가 좀처럼 수긍되지 않는 모양이었다.

범칙금 통지서 두 장. 적지 않은, 예상외의 지출을 하면서도 마음이 개운했다. 막내와 충분한 대화를 했기 때문일 것이다. 뜻밖에도 일찍 납부한다고 20%나 할인해 주어 횡재라도 한 느낌이었다.

막내 옆에 앉아 그 도로를 지나게 되었을 때 막내는 바로 이 길이라며 재미난 일을 회상하듯 그때 일을 되살렸다. 공중에 설치된 신호등의 가로 지주 한곳을 가리키며 단속 카메라를 저렇게 높은 곳에 숨겨 놓았으니 어찌 쉽게 찾을 수 있었겠느냐며 웃었다. 저 위치에 다느라고 무척 힘들었을 것이라고도 했다. 나는 고생한 만큼 범칙금도 많이 걷었겠다고 맞장구쳤다.

사회가 복잡해지면서 새로운 제약을 만들고, 그에 따른 벌칙도 만든다. 제약이 대개 그러하듯 범칙금이란 벌칙도 운전할 때 작은 긴장이 될 것 같다. 범칙금 통지서를 받게 되면 더욱 조심해서 운전해야겠다고 다짐할 것이기 때문이다.

생각해 보면 범칙금은 자칫 소홀히 하기 쉬운 위반에 대한 회초리라고 할 수 있다. 무인 단속 카메라라는 회초리를 통하여 혹시라도 일어날지 모를 사고를 미연에 방지하려는데 그 목적이 있을 것이다.

사람의 마음속에는 기억이라는 이름의 자동 사진기가 있다. 이 사진기에는 유감스럽게도 도로의 무인 단속 카메라 같은 객관적인 잣대가 없다. 자의적이어서 확대 재생산하기도 하고 축소 삭제하기도 한다. 분명치 않은 것도 스스로 최면을 걸어 윤색하기도 한다.

기억이라는 이름의 마음속 사진기도 도로의 무인 단속 카메라같이 정확했으면 좋겠다. 그러나 그렇게 될 순 없겠다. 기억이란 먼 훗날, 기억을 되살리는 그 시점에서 재생하는 것이므로. 여기에 인간의 한계가 있다.

종량제 봉투 한 묶음의 무게

콩나물이 상품명이 잘 디자인된 비닐봉지에 들어 있다. 봉지 윗부분에 주름을 잡아 예쁜 색의 비닐 띠까지 감아 놓았다. 그 띠로 콩나물 봉지를 묶어 놓은 줄 알면 착각이다. 주름 부분은 단단히 접착되어 있고 띠는 순전히 소비자의 눈길을 끌기 위한 장식일 뿐이다. 제조 기술은 거의 평준화되었고 판매는 포장 싸움이라더니 서민의 찬거리인 콩나물도 그런 것 같다.

마트에 가면 쌀, 과자, 라면, 설탕, 소금 등 습기에 닿으면 안 되는 식품류는 물론이고 행주, 수세미, 고무장갑 등 습기와 상관없는 상품들도 대부분 두꺼운 비닐 속에 들어있다. 제품을 표시하는 글이 인쇄된 종이띠만 감아놓아도 될 것들을.

예전 공책은 한가운데를 펴면 제본 박음질이 보였다. 시장 상인들은 다 쓴 공책의 박음질 실을 풀어 콩나물은 두 장이 붙은 종이에, 함지에 물을 채워 담가둔 두부는 물기를 훔치고 공책 한 장에 싸주었다. 생선은 신문지 두세 겹이나 밀가루 또는 시멘트 지대 조각에 싸주었다. 그 누런 지대는 겹겹으로 되어 있어 맨 안쪽 면을 제외하고도 여러 장이었다. 밀가루가 들었던 지대는 털어버리고 맨 안쪽도 썼지만, 시멘트 지대는 맨 안쪽은 쓸 수 없었다. 일찍 시장에 간 날은 지대를 어떻게 가위질해야 더 쓸모가 있을지 궁리하는 시장 아주머니의 모습을 볼 수 있었다.

아이들의 다 쓴 공책, 수련장, 시험지 등을 모아 시장 노점상에 갖다 드리면 그렇게 고마워할 수가 없었다. 가난했기에 서로를 더 배려했고, 부족했기에 절약하는 지혜가 저절로 우러났다. 장바구니 없이 시장에 가는 일도 없었지만, 특별히 장바구니가 따로 있는 것도 아니었다. 알루미늄 바께쓰 장바구니에는 식구들을 위해 장을 본 주부의 기쁨이 찬거리 사이사이에 녹아 있었다.

사과, 감자, 고구마 등 계절 식품은 청과물 도매시장에서 커다란 함지에 담아 이고 오기도 했다. 김칫거리는 짚으로 묶은 단의 매듭이 손잡이였다. 짚으로 묶었다고 해서 들고 오는 도중에 단이 풀리는 일은 없었다. 농부는 채소 단 하나에도 그것을 들고 갈 사람을 염두에 두었다. 한 손은 머리에 인 과일이 수북이 담긴 함지를 잡고, 다른 한 손은 배추 단 매듭을 잡고 발걸음도 가볍게 집으로 향했다. 함지에 인 제철 과일에선 상기된 볼을 한 아이들의 웃음소리가 들리는 듯했고, 밭 흙이 붙어 있는 채소에선 흙빛만큼이나 질박한 농부의 마음이 미소 짓는 듯했다.

제철 과일, 하우스 과일에 수입 과일까지 먹을거리가 지천이어도 함지를 가지고 사러 갈 필요가 없다. 웬만한 곳에선 다 배달해 주고, 시장 가게에는 비닐봉지가 아주 흔하다. 과일 장수는 고르는 족족 비닐봉지에 넣다가 예상보다 많이 사면 그 봉지 그대로 더 큰 봉지에 넣는다. 그럴 때면 혹시 과일에 내가 미처 못 본 흠이 있나 하는 불신이 들기도 하고, 비닐봉지 하나쯤 하찮게 여기는 공해 불감증이 못마땅해지기도 한다.

설탕이 가제 포장에서 처음 비닐 포장으로 출시되었을 때 설탕 가루가 새어 나오지 않아 놀라우면서도 아쉬웠다. 가제 설탕 주머니를 만졌던 손을 혀에 대면 달달했다. 천 한 조각도 귀하던 시절 올이 고운 설탕 주머니는 삶으면 파란 상품명 흔적이 남아 있긴 했지만, 눈처럼 새하얗게 되어 풀 주머니, 행주 등으로 쓰임새가 좋았다.

쓰레기 종량제 시행 이전, 쓰레기는 모두 쓰레기통에

모아두었다가 청소차가 오면 내다 버렸다. 청소차는 매일 거의 같은 시각에 왔는데 미화원 아저씨는 담당 구역이 가까워지면 차에서부터 종을 흔들기 시작하여 정차하면 내려서 골목골목을 누비며 청소차가 왔음을 알렸다. 집마다 대문이 열리고 쓰레기통을 들거나, 인 사람들이 나와 청소차 뒤에 줄을 섰다.

아저씨가 종을 다 치고 올 때까지 기다리는 동안 이웃들은 서로 반갑게 인사를 하고 안부를 묻고 생활의 지혜를 나누고 간밤의 새 소식도 전했다. 예전 동네 우물가 같은 풍경이 청소차 주변에 펼쳐졌다.

아저씨는 쓰레기통에 부서진 물건이라도 들었으면 장난기 섞인 큰 목소리로 어젯밤에 부부 싸움 했능교 하고 농을 하여 줄 선 사람들을 유쾌하게 했다. 음식물 쓰레기가 유난히 많으면 잔치 했능교 하며 그에 따른 덕담으로 분위기를 훈훈하게 했다. 때로는 잔치를 치른 집에서 정성껏 싼 음식을 건네며 노고를 위로하기도 했다. 아저씨는 밝고 씩씩하게 답례하여 주위 사람까지 흐뭇하게 했다.

쓰레기의 주종은 연탄재였다. 시장에 가는 것이 중요한 일과였으므로 버려지는 식재료는 거의 없었다. 배추 겉잎도 웬만하면 데쳐서 시래기로 썼다. 꼭 필요치 않은 물건은 사지도 않았지만, 견물생심으로 샀다고 해도 전혀 쓸모없는 물건이란 없었다. 절약하느라고 참고 있어서 그렇지 대신 쓰일 곳은 많았다. 날마다 고물 장수, 튀밥 장수가 다녀갔으므로 쓰레기통에 들어갈 폐품이 없었고 어쩌다 과대 포장이 있어도 포장지 하나도 요긴하게 쓰였다.

생활이 풍요로워지면서 날마다 버릴 것이 넘쳐난다. 주말이 끼어 미처 수거가 안 된 날은 재활용 분리수거 장소가 폐기물들로 발 디딜 틈이 없다. 보기만 해도 겁이 난다. 말이 재활용이지 그 재활용을 활용하기 위해 또 얼마만 한 에너지를 써야 할 것인가.

종량제 시행 처음, 마트에서 쥐어 본 종량제 비닐봉지 한 묶음의 무게에 가슴이 서늘하던 기억이 차츰 무디어지는 것 같다.

전화선이 지쳤나 봐

고무장갑 낀 손에 묻은 비누 거품을 재빠르게 닦고 송수화기를 들었다. 친구였다. 언제나 부드럽고 성실한 목소리가 반가움으로 방긋 웃는 모습이 느껴졌다. 이번 모임은 우리 집에서 하기로 했었지. 이달 모임의 책임자로서 확인하는 전화였다. 간만의 통화를 용건만 간단하게 끝낼 리가 없었다.

어버이날에 우리 어머님 막내 시동생보고 "넌 왜 내 용돈 안 주니" 하시겠지. 막내 시동생 "제가 보관하고 있을게요"라고 하더니 끝내 안 드리더라. 얘, 그런 응답은 장가들기 전이니까 할 수 있지, 장가만 들었단 봐라. 아무리 사랑하는 막내아들이라고 해도 어림없다. 그러게, 후후. 결혼한 아들은 절대로 할 수 없고, 해서도 안 되는 금기 발언을 생각하며 우리는 이심전심으로 웃었다.

넉넉한 풍채에 잘 지은 연보랏빛 비단 한복을 입고 만면에 웃음을 띠며 당신과 손녀에 대한 덕담에 여유 있게 응대하시던 그의 시어머니의 모습이 떠올랐다.

지난번 ○○이의 피아노 연주회 때 뵈니 너희 시어머

님 정말 근사하시더라. 누구라고 말하지 않아도 주인공의 할머니인 줄 한눈에 알겠던데. 앉으신 주위까지 환하시데.

네가 잘 봐줘서 그렇지. 고마워. 하긴 아는 사람마다 "시어머니 모시느라 수고가 많다"라고 치하하여 여간 부담스럽지 않아. 그는 그렇게 말해도 전혀 거부감이 들지 않는 친구다.

화제를 바꿔 그의 딸 안부를 물었다. 사이에 송수화기 든 손을 바꾸고, 장식장에 걸터앉았던 자세에서 일어났다.

걔는 베를린이 제게 맞나 봐. 실기시험은 다가오는데 피아노 연습만 하면 아래층 사람이 항의하러 올라온대. 제 고모는 출근하고 없는데 올라와서 독일어로 뭐라고 하니 얼마나 딱했겠니. 또 그쪽은 사생활 보호가 중요한 곳이잖니. 말을 다 알아듣지 못해도 표정과 몸짓만 보고도 무슨 말을 하는지 알 수 있지 뭐. 그래서 헤드폰을 쓰고 연주하면 밖으로는 소리가 나지 않는 피아노를 사줬어. 그냥 칠 때와 똑같데. 희한하지. 유학 간 처음엔 날마다 전화를 해서 마음이 쓰였는데 요즈음엔 뜸해. 그만큼 편해졌나 봐.

우리 마음이 다 그렇지 뭐. 적응되기까지 자꾸 집 생각이 나다가 차츰 적응되면 집 생각, 엄마 생각 덜 하게 되겠지. 또 네가 바라는 바이기도 하고. 오죽하면 무소식이 희소식이란 말이 있겠니. 암튼 네 딸은 열심히 할 거야.

맞아. 나는 그 애가 참 고마워. 힘은 들지만. 제 밑에 이래저래 비용이 드니까 퍽 미안해하데. 해서 그렇지 않아, 아빠와 나는 네가 무척 고마워. 아이의 능력이 안 되어 못 하는 부모도 얼마나 많은데. 우리는 축복받은 부모라고 했지.

마음이 찡했다. 적지 않은 힘든 고비를 흔들림 없이 견뎌온 친구를 지켜봐 왔기 때문이었다.

신시가지에 큰애와 막내 시동생의 아파트를 한 채씩 분양받았어. 처음엔 큰애 것만 했는데 어찌나 죄를 짓는 것 같던지. 아파트와 관련된 우편물이 올 때마다 어머님께 들킬까 봐 마음이 졸여 외출도 제대로 할 수 없었어. 대문간에서 쿵 하는 소리만 나도 뛰어나가곤 했어. 소유관계, 부금 납입, 베란다 알루미늄새시 등등, 관련된 우편물은 왜 또 그렇게 많던지. 못 할 짓이데. 시동생 것도 한 채 분양받고 나니 살 것 같더라. 천국이 따로 없더라. 또 어머님과 막내가 얼마나 기뻐하던지…….

정말 잘됐네. 떳떳하고. 너, 아이들 막내 삼촌 특별히 더 예뻐하잖니. 그래, 나름대로 부금 납입에 보탬이 되려고 애쓰는 게 귀여워. 자기도 신시가지에 아파트 한 채 있다고 자랑한다나, 어쩐다나.

그런 시동생이 재미있어 죽겠다는 표정을 짓고 있을 그의 모습이 선했다.

자세가 편치 않아 또 일어섰다 앉았다 하며 시계를 힐끗 쳐다보는 데 뚝 전화가 끊어졌다. 전화를 걸어 종료해야겠지만 잘된 셈 치고 중단했던 일을 마저 하려는데 다시 전화벨이 울렸다.

왜 전화가 끊어졌지. 난 아무렇게도 안 했는데. 가끔 이런 적이 있더라.

그러게. 나도 전화기는 건드리지 않았어. 통화를 길게 해서 전화선이 지쳤나 봐. 전화선도 때때로 지치기도 할 거야. 우리처럼 오래 하면.

우리는 통화하다 끊어졌던 사례를 시작으로 후반부를 이어갔다. 전후반 70여 분 소요. 통화가 끝났을 때, 마치 고향에 가서 그리운 동무를 만나 회포를 풀고 온 듯 마음이 정화되었다. 되짚어 보면 우리는 특별한 이야기는 하지 않았다. 그랬음에도 나는 속마음을 털어놓은 듯 마음이 편안하고 안온했다. 서로에 대한 한없는 믿음 때문이었을 것이다. 나는 눈을 감고 통화의 여운을 오랫동안 즐겼다. 마치 마법에 걸린 것 같았다.

이제 우리는 거의 카카오톡으로 대화를 한다. 자연히 내용이 압축되고 줄임말을 많이 쓴다. 그만큼 우리의 정도 압축되고 줄어드는 것 같다. 전화로 길게 통화하던 시절이 그립다.

4장

분화구

실수로 검지 손톱을 조금 많이 깎았다. 몹시 쓰리고 아렸다. 하지만 그것은 서막일 뿐이었다. 검지의 끝마디가 전혀 힘을 받지 못했다. 손가락의 힘이란 힘은 모두 그 미미해 보이는 손톱에서 나오는 것만 같았다. 조금만 길어지면 재깍재깍 깎아버리는 반투명 케라틴 막이 그렇게 중요할 줄은 미처 상상도 못 했다.

맹장은 쓸모없는 것이라는 설이 새로운 의학 정보처럼 만연한 적이 있었다. 있어도 그만, 없어도 그만인 것이 공연히 염증을 일으키면 골치 아프니 다른 장기를 수술할 일이 생기면 예방 차원에서 미리 떼어버리는 것이 좋다고까지 했다. 한쪽에서는 아니다, 제 기능이 있을 것이니 그대로 두어야 한다는 반론을 펴기도 했지만, 전자에 비해 약했다.

그 기사를 읽으며 나는 오묘하고 신비로운 인체에 있으나 마나 한 장기는 없을 거라는 막연한 생각을 했다.

장님 · 어두울 맹(盲), 맹장(盲腸). 혹시라도 맹장이라는 이름이 그런 오해를 불러들인 건 아닐까. 맹장이

쓸모없게 된 흔적기관(痕迹器官)이 아니라 장을 감염으로부터 보호하는, 면역체계에 작은 역할을 하는 기관이라는 새로운 연구 보고가 있다고 한다.

갓 태어난 아기는 땀을 받을 일이 없으므로 눈썹이 없다고 한다. 눈썹의 기능이 이마에서 흘러내리는 땀을 받는 처마 역할이라는 것을 텔레비전에선가 시청하고 인체의 오묘함에 감탄했던 기억이 난다.

속눈썹, 귓속 솜털에까지 필요한 만큼의 양을 주시고, 그 기능을 부여하신 조물주께서 머리털에 제한을 두지 않으신 것은 무슨 까닭일까. 정성을 다해 인간을 만들다가 맨 나중 머리카락 단계에 와서 피조물에게도 한 번쯤 재량을 베풀고 싶으셨을까.

아이 때는 머리를 길러서 가지런히 땋던 시절이 있었다. 혼인하면 여자는 평생토록 쪽을 지어 비녀를 꽂고, 남자는 머리를 빗어 올려 단단히 상투를 틀었다. 머리를 올림으로써 기혼자임을 나타냈던 것은 아마도 다른 사람으로부터 인정받으려는 의미였을 것이고 한 올 흐트러짐이 없이 묶은 것은 어른으로서의 책임과 의무를 다하겠다는 자신을 향한 다짐이기도 했을 것이다. 머리 모양은 그 시대의 불문율이었다.

인체의 총사령탑인 뇌를 보호하는 데는 두개골로는 부족하다고 여겨 머리털까지 주신 조물주의 뜻을 헤아려 선조들은 '신체발부 수지부모 불감훼상이 효지시야(身體髮膚受之父母 不堪毁傷而 孝之始也)'로 부응했다.

숯에 버금갈세라 까맣고 숱 많은 머리를 언제나 단발형으로 자르고 머리핀을 꽂고 다니던 이웃이 아름다운 갈색으로 염색하여 파마했다. 세련되고 부드러워 보였다. 생각까지 유연해지는 듯했다.

젊은 여자가 머리를 햇빛에 빛나는 사자 털처럼 물들이고 사자 갈기처럼 펴서 당당하게 지나간다. 포효라도 할 것 같다. 가발이라도 쓴 듯한 샛노란 머리도 지나가고 회색으로 굵게 꼰 머리도 지나간다. 저렇게 염색하려면 먼저 탈색부터 해야 한다던데. 저들의 머리카락은 무슨 고역일까 싶으면서 조물주께서도 놀라 감탄인지 탄식인지를 하실 것 같다는 생각이 든다.

머리는 욕구를 분출하고 싶은 젊음의 분화구일까. 희한한 저 머리 모양들에는 발산하지 않고는 견딜 수 없는 열정이 담겨 있을 듯하다. 용암이 끓어 넘쳐 식은 분화구는 농사짓기 좋은 땅이 된다고 한다. 저 청춘의 몸살도 깊게 앓은 만큼 넓은 지혜로 거듭나지 싶다. 자녀의 파격적인 머리 모양에 부모는 어떤 반응을 보였을까. 놀라긴 했어도 당신들은 꿈도 꾸지 못한 젊음의 일탈을 부러워했을 듯하다. 강렬한 머리 모양에서 젊은 그들의 함성이 들리는 듯하다.

과학이 아무리 발전에 발전을 거듭한다고 할지라도 영원히 흉내 낼 수 없을 것 같은 신비한 인체에서 당신의 영역을 나누어주신 조물주의 뜻을 헤아려본다. 머리를 감는다. 정신까지 맑아진다. 아하, 조물주의 뜻이 헤아려질 듯하다.

고잉 홈

오래전 일이다. 고추 모를 사 올 때 흙 걱정은 하지도 않고 달랑 모종만 샀다. 공기처럼 흙도 늘 우리 곁에 있는 것인 줄 알았다. 길마다 아스팔트로 포장하고, 건축할 때 건폐율을 최대로 하고 남은 부분은 빈틈없이 시멘트를 발라 흙을 덮어버린다는 사실을 잊고 있었다.

철근과 시멘트와 유리의 도시에서 그나마 흙을 볼 수 있던 학교 운동장들이 인조 잔디로 대체되어 갔다. 길 건너편 대학도 집 뒤 초등학교도 운동장에 인조 잔디를 깔았다. 바람이 불 때마다 흙먼지가 난무하고 빗물에 쓸려나간 흙을 보충하기가 힘들긴 했을 것이다.

대학 운동장의 인조 잔디를 까는 공사는 실로 엄청났다. 땅을 깊이 파서 기초공사를 했다. 흙의 숨통을 조르는 공사는 여러 날이 걸렸다. 밤중에 그곳에 가면 "제발 숨 좀 쉬게 해주세요!" 하는 흙의 절규가 온 운동장에 가득한 듯했다. 산 바로 아래, 한여름에도 청량한 공기와 호젓한 분위기가 좋아서 이웃과 함께 즐겨 찾던 운동장이었다.

인조 잔디는 머리가 아프고 토할 것 같고 냄새가 역겨워 숨쉬기도 겁이 났다. 들숨을 쉬면 온갖 유해 물질들이 호흡기를 따라 몸속에 들어와 폐부에 쌓일 것만 같았다. 결국 우리는 밤 운동장 돌기를 그만두었다.

인조 잔디에서 각종 발암 물질들이 뿜어져 나온다고 언론 매체들이 질타했다. 어린이들이 발암 물질에 노출되어 위험하다고, 다시 흙으로 환원해야 한다고 야단이었다. 이미 많은 학교가 운동장을 인조 잔디로 교체한 후였다. 언론에서 문제를 제기한다고 해서 교체한 인조 잔디를 걷어내고 다시 흙 운동장으로 되돌아갈 것이라고 기대하지는 않았지만, 계획은 해놓고 아직 시행하지 않은 학교 중 그 안을 철회하는 학교가 있으리라는 바람은 있었다.

주위에서 점점 흙 구경하기가 힘들어진다. 아파트 거실 앞 베란다 칸은 단독 주택의 마당처럼 주로 식물을 키우는 공간으로 쓰였는데 요즘 짓는 아파트에선 대개 거실의 확장용으로 쓰인다고 한다. 새 아파트로 이사한 한 지인은 새집 입주를 축하하기 위해 방문하려는 우리에게 미리 화분 놓을 공간이 없다고 공지 아닌 공지를 했다. 주택에 살 때 베란다와 옥상에 빈틈없이 많은 식물과 채소를 기르던 분이었다. 화분의 흙마저 구경하기 힘든 세태가 되어가는 듯하다. 모든 생명 있는 것들이 되돌아갈 본향이며 식물들의 의식주인 흙이 우리들의 생활에서 멀어져 가는 듯하다. 그래도 될까, 두려움이 들 때도 있다.

인간이 흙을 그리워하는 것은 원초적 본능이 아닐까. 나는 하느님께서 당신의 형상대로 흙으로 사람을 빚었다는 성서 창세기 편이 좋다. 그 대목을 음미하면 깊은 감동이 밀려와 생각에 잠기곤 한다. 왠지 흙은 어머니 같고, 고향 같다. 흙을 생각하면 까닭 모를 그리움이 밀려들곤 한다.

기억에 선명한 흙이 있다. 동해안의 어느 마을이었다. 우리는 몇 시간 째 걷고 있었다. 함께 걷던 친구는 벌써 샌들을 벗어들었다. 발이 괜찮겠냐는 나의 걱정에 친구는 흙의 촉감이 좋다고 했다. 그때 한 흙이 눈에 들어왔다. 약간 비탈진 데를 파낸 곳이었다. 초여름 오후의 태양이 내리꽂힌 흙은 황토였다. 아, 저 흙빛. 우리는 동시에 탄성을 질렀다. 봄에서 여름으로 넘어가는 신록과 대비되어 황토는 더욱 붉게 빛났다. 우리는 저미디의 감동으로 그 앞을 쉽게 떠날 수 없었다. 그것은 시원적인 그리움이었을 것이다. 가끔 기억에도 아슴푸레한 그곳이 생각날 때가 있다. 그날처럼 늦은 오후에 그 길에 서서 순수했던 그때를 반추하며 생을 음미하고 싶다.

고잉 홈, 이역만리 타국 땅에서 죽은 <동생을 위한 조시(弔詩)>에서 마종기 시인은 "고잉 홈(너는 몰랐지. 여기서는 관에다 고잉 홈이라는 말을 많이 새겨 넣는구나.)" 하며 졸지에 간 아우를 그리워했다.

그 '홈'이 하늘나라건 그토록 그리워했던 태평양 건너 고국이건 나는 먼저 흙으로 이해했다. 그리고 어머니의 품으로.

'고잉 홈', 나는 관 위에 새긴다는 미국의 이 문구가 마음에 퍽 와닿았다.

봄의 단상

어디선가 실려 오는 향긋한 냄새에 걸음을 멈춘다. 아, 이 향기. 화사한 향내가 멀리까지 간다고 하여 본 이름보다 천리향으로 더 많이 불리는 서향나무 꽃향기. 향내의 진원을 찾아 두리번거린다. 목을 빼 남의 집 담 너머를 기웃거리는 시늉을 한다.

봄이구나, 봄. 영양실조라도 걸린 듯 희끄무레한 색깔에 왜소한 꽃. 그 여윈 모습 어디에 이토록 사람의 마음을 환하고 달콤하게 하는 향기를 품고 있었을까. 긴 겨울을 지나온, 떨어진 밥풀처럼 옹송그린 꽃 속에 혼신을 다한 향기가 응축되어 있을 줄이야. 새봄의 약동과 환희를 위하여 꽃은 그렇게 탈진했는가 보다.

곧이어 상앗빛 샹들리에 같은 목련이 피겠구나. 목련꽃을 보면 나도 모르게 마음이 설레어 어디에서든 발길을 멈춘다. 막 핀 목련의 청아한 모습은 잠시 숨까지 멎게 한다. 잎이 피기 전 하늘을 향한 미백의 기품 있는 자태는 너무도 고아해서 원초적 그리움을 자아내며 가슴엔 슬픔이 인다.

겨우내 메말랐던 대지에 단비가 내린다. 상록수의 묵은 초록에도 물이 올라 윤기가 흐르고 연둣빛 새순은 실눈을 뜬다. 예쁘게 감아놓은 수서해당화의 가지마다 꽃분홍 작은 꽃망울들이 어여쁘다. 반쯤 갠 하늘 아래 보슬비를 맞은 꽃봉오리들이 방실거리고 작설 같은 새순은 생긋거리는 듯하다. 나도 머리에 작은 유리구슬을 가득 매달고 꽃의 요정이 되어 상큼한 비 냄새를 맡으며 꽃망울들과 일 년 만의 해후를 즐긴다.

눈을 가늘게 뜨고 고개를 젖혀 비를 맞는다. 얼굴에 닿는 세우의 촉감이 좋다. 빗물은 얼굴에서 가슴으로 흘러들어 마음의 더께를 녹이는 것 같다. 비 냄새가 상큼하다.

자기희생 끝에 도달한 서향의 향기는 젊은 날의 이상이었다. 이타에 살고 싶었고, 시대의 양심으로 타오르고 싶었다. 한 점 생명에 우주라도 걸듯 진지하던 생의 사유가 희화된 것처럼 공허하다. 그때가 아득한 옛날 같다.

목련화, 그 피안의 아름다움 앞에 서면 식었던 열정이 서서히 되살아나 사유하는 나로 되돌아간다. 그러나 뜨겁기만 하던 젊은 날의 열정은 이미 아니다. 관조하는 뜨거움이다. 가슴이 서서히 데워지며 주변의 것들이 새롭게 비친다.

봄에는 목련의 덧없는 조락은 생각하지 말자. 기품 있는 꽃과 맑은 연녹색 부드러운 잎을 피운 그에게서 조락까지 산뜻하기를 바라는 것은 과욕일 것이다. 목련을 보고 꽃은 좋은데 잎 지는 모습은 싫다고 하던 친구는 벌써 저세상 사람이 되었다. 오랜 투병 생활로 친구도 자신이 빨리 갈 것을 예감했는지 모른다. 목련이 새봄을 맞이하기 위하여 진액을 모두 써버려 조락을 여밀 한 방울의 힘도 남기지 못했음을 생각이 깊은 친구가 헤아리지 못했을 리 없다. 모두를 만족할 순 없다는 너무도 자명한 이치를 친구가 몰랐을 리 없다. 우아한, 목련 같던 내 친구. 오 내 사랑 목련화야~ 맑고 부드러운 친구의 노랫소리가 들려오는 것 같다.

서향나무 꽃처럼 사람을 행복하게 하는 진한 향기도 없고 목련꽃처럼 보는 사람의 마음을 설레게 하는 고아한 자태는 없어도 나는 수서해당화가 좋다. 은은한 향기, 소박한 아름다움. 나무에 물이 오르는 계절이 되면 매만지는 대로 수형이 잡히는 수서해당화의 순응이 좋다. 조락의 허무도 없는 수서해당화는 지금 내가 추구하고 싶은 삶이다.

순장

경상북도 고령군 고령읍 지산리 190번지. 크고 작은 고분 200여 기가 분포된 주산 자락에 널찍이 자리 잡은 대가야왕릉전시관(大伽倻王陵展示館)은 커다란 회록색 반구를 엎어놓은 것 같았다. 멀리서 본 영락공원 지붕 같기도 했고 공상과학영화 속 외딴곳 같기도 했다.

지름 27m 높이 6m. 넓은 전시관 안은 반구형 벽을 따라 전시대를 설치하여 지산동 44호 고분의 출토 유물들을 종류별로 분류해 놓았다. 한복판에는 석곽과 석실 등 고분의 내부를 발굴 당시의 모습대로 재현해 놓았다. 단체 관람이 대개 그러하듯 나도 대략 85m나 된다는 전시관 내부를 먼저 온 관람객들의 후미에 서서 대강대강 보며 지나고 있었다.

한 지점에 이르자 갑자기 알 수 없는 무섬증 같은 서늘한 기운이 느껴지더니 새하얀 빛이 안광을 찌르는 듯했다. '순장 유형' 코너였다. 순장(殉葬)을 재현한 인형을 보기 전이었다. 심상치 않은 전시물에 대한 예감이었을까. 절절한 한을 품고 순장된 이들의 원한이 서리어 있었을까.

가지런히 빗어 넘긴 머리, 짙은 눈썹과 오뚝한 콧날, 꾹 다문 입술이 단정한 남자 인형과 반달 같은 눈썹에 작은 입술이 어여쁜 여자 인형이 서로 얼굴과 다리가 반대 방향으로 포개어져 있었다. 남자는 밑에, 여자는 위에. 얼굴은 같이 위를 보고 똑바로 누워있었다. 눈이 시린 소복을 입고. '삼십 대 남자와 여자'라는 표지가 그 앞에 놓여있었다. '이십 대 여자'도 있었고, '부녀 관계로 보이는'이라는 부제가 붙은 '삼십 대 남자와 8세 여아'도 있었다. 삼십 대 남자 인형이 반듯하게 누운 위에 8세 여아 인형이 얌전하게 얹혀 있었다. 발 쪽에서 키를 맞춘 여아는 아버지로 보이는 남자의 가슴께에 머리가 닿아 있었고 나란히 위를 보며 포개어져 있었다. 인형들의 배열은 발굴 당시의 형태 그대로일 것이므로 아마도 그렇게 배열하는 것이 여러모로 가장 낫다고 생각했나 보다.

어린이의 순장 습속은 성장력이 강한 아이의 혼을 빌려 사자를 빨리 재생케 하려는 부활 사상에서 비롯되었다고 한다. 얼마나 이기적인가. 숨이 멎을 것 같았다. 인형을 만든 이의 가슴도 천오백여 년의 세월을 건너

뛰어 얼마나 안타깝고 애달팠는지 인형은 하나같이 정성스럽고 정갈했다. 인형은 전부 소복 차림이었다. 사무친 그 흰빛은 그대로 내 가슴에 꽂혔다. 부모의 사랑이란 시대를 초월하여 본능적이고 영원불변인 것. 딸과 함께 순장자로 선발된 아비의 비애와 절망 그리고 분노, 딸의 목숨 하나 구해주지 못한 연민과 굴욕으로 남자는 정신을 잃지는 않았을까.

그다음부터는 무엇을 어떻게 보았는지 뒤죽박죽이었다. 갑자기 허깨비가 된 듯 몽롱한 채 앞사람의 뒤만 따라다녔다.

위서 동이전 부여 조(魏書 東夷傳 夫餘 條)에 왕이 죽으면 많게는 백 명까지 순장했다는 기록이 있다고 한다. 발굴 기록에 의하면 대가야왕릉에도 주석실에 주인공과 두 명의 시종이 함께 묻혀 있었다. 두 개의 석실에는 각종 생활 토기, 청동 그릇, 마구류, 무구류, 장신구류 등 692점이나 되는 유물이 채워져 있었는데 이 부장품 창고 앞에도 각각 한 명씩 창고지기가 묻혀 있었다. 최소 36명의 순장자가 있었다고 적혀 있었다.

나는 부장품들은 당연히 왕이 생전에 즐겨 사용하던, 왕의 손때가 묻은 것들로 죽음의 여정을 위로하는 것이리라고 생각했다. 그런데 놀랍게도 부장품은 사자가 내세에 사용할 것들로 새것을 장만해 넣었다고 한다. 종류가 다양하고 수량이 많다고 생각되긴 했다.

살아서 왕은 죽어서도 왕. 순장 시대는 내세를 현세의 연장으로 본 듯하다. 제정일치 시대에 순장에 대한 공포는 왕의 병이 위중하다는 소문만으로도 온 나라가 공포에 휩싸였을 것 같다. 혹시라도 순장자로 발탁될까 봐 얼마나 전전긍긍했을까.

외할머니는 우리가 저녁을 먹은 후 졸고 있으면 귀여운 손주들이 행여 소화불량에라도 걸릴까 봐 밥 먹고 금세 자면 다음 세상엔 소로 태어나서 일만 해야 한다고 엄포를 놓으셨다. 귀가 크고 귓불이 도톰해서 부처님 귀를 닮으셨다는 외할머니의 이야기에는 언제나 내세가 있었다. 내용은 조금씩 바뀌어도 착한 일을 하면 복을 받고 죽어서 좋은 곳에 간다는 내세관은 한결같았다.

언젠가 텔레비전에서 시각장애인 가수가 다음 세상에선 자기도 볼 수 있을지 모른다고 매우 조심스레 말했다. 그 말이 너무도 조심스러워서 더 간절하게 들렸다. 내세란 그런 경외한 세계가 아닐까.

그 뒤 다시 가본 대가야왕릉전시관엔 '순장 인형 코

너'가 꿈속 일 같이 사라지고 없었다. 비록 인형이었다 할지라도 거기서 뿜어져 나오는 원한을 배겨 낼 수 없었던 것은 아니었을까. 지금도 그 광경을 생각하면 가슴이 서늘해진다.

우리가 최고의 가치로 여기는 인본주의 사상은 쉬지 않고 투쟁해 온 선각자들에 의해 쟁취되어 온 것이라는 데 생각이 미친다. 책을 펼치면 노예사냥이니, 노예무역이니 하는 야만적인 일들이 아득한 옛날의 이야기가 아니다. 순장과 같은 엽기적인 형태까지는 아니더라도 미개함에서 벗어났다는 오늘날에도 갖가지 야만적인 일들이 곳곳에서 벌어지고 있다. 그럼에도 인간은 끊임없이 참을 논하고 선을 추구하고 아름다운 것을 지향하며 진보하고 있다.

'파인'의 나라 싱가포르

가족여행

겨울방학을 이용하여 아이들과 함께 즐길 수 있는 해외여행 코스로 삼 남매가 의논한 곳은 싱가포르였다. 곧 고 3이 될 외손녀와 사위는 같이 가지 못했다.

가족 단위 해외여행을 계획하게 된 것은 사십여 년을 마도로스로 선상 생활을 한 남편 친구의 권유에서였다. 일가를 이루어 제각각 흩어져 사는 사 남매를 화합시키는 데는 해외여행만 한 것이 없더라고 적극적으로 권했다. 생판 남이었던 사위와 며느리들. 학원 가야 한다며 명절 때도 한번 느긋이 있다가 간 적 없는 손자들. 국내였으면 아무리 먼 곳에 데려다 놓았어도 아이들 학원 문제니, 뭐니 하여 도중에 이탈하는 자녀가 생겼을 법한데 아는 사람 하나 없고 말도 통하지 않는 외국에 데려다 놓으니 어찌나 서로를 챙기던지 보기만 해도 흐뭇하더라고 했다.

친구분의 권유로 시작한 가족여행은 연중행사처럼 되었는데 다음 해는 어느 나라로 갈 것인지 기쁨과 설렘으로 의논하는 모습이 보기 좋았다. 운동을 좋아하는 손자들은 벌써 축구의 본고장 독일에 가서 프리미어 리그를 원 없이 보고 싶다고 한다. 손자들과 함께 유럽의 거리를 다니며 그 문화를 즐길 날을 꿈꾸어 본다.

파인의 나라

오후에 싱가포르에 도착했다. 대중교통이 궁금해 나이트 사파리에 갈 때 일부러 지하철을 탔다. 승강장으로 내려가는 에스컬레이터가 사뭇 빨라 긴장되었다. 퇴근 시간 즈음이었는지 전동차 안은 승객이 꽤 많았다. 그럼에도 차에 타자마자 커다란 그림이 한눈에 들어왔다. 왼쪽에 크게 '파인(Fine)'이라 써놓고 그 옆에 불붙인 담배, 빨대 꽂은 주스와 빵, 가스라이터와 리큐어가 든 병이 그려져 있었다. 각각의 그림 밑에 $1,000, $500, $5,000이 적혀 있었다. 내가 생각하는 '파인'과 뜻은 달랐지만 그림이 무엇을 의미하는지는 단박에 알 수 있었다. 전동차 안에서 담배를 피우면 벌금이 한화로 대략 팔십만 원이라는 뜻이었다.

금지 표시가 없어도 국내에서는 대중교통 안에서 담배를 피우지 않는다. 커피를 든 사람은 더러 있다. 엎지르면 어쩌나 싶어 볼 때마다 불안하다. 믿어지지 않겠지만 예전에는 버스 창가에 앉아 창문을 열어놓고 태연히 담배 피우는 사람을 볼 수 있었다.

나는 버스를 타면 주로 맨 뒷자리 창가 쪽에 앉는다. 서 있는 사람에 대한 부담을 갖지 않기 위해서이다. 그런데 가끔 내 옆자리를 향해 돌진하듯 뛰어오는 젊은이들이 있다. 길거리 음식을 사서 먹으려고 구석 자리를 찾아오는 경우다. 먹는 그들은 모르겠지만 보기 좋은 모습도 아니고, 길거리 음식의 소스 냄새는 너무 고약하여 고역일 때도 있다.

예전의 부모님들은 아이들에게 식당이 아닌 곳, 남들이 보는 앞에서 음식 먹는 것을 점잖지 못하다고 가르치셨다. 자녀를 신사 숙녀가 되도록 훈육했던 생활 속 예절은 다 어디로 갔을까. 방임하는 우리가 옳을까. 강제로 규제하는 싱가포르가 옳을까.

싱가포르의 전동차에는 천장 한가운데 손잡이가 한 줄 더 있었다. 서서 가는 모든 승객이 다 편하게 손잡이를 잡을 수 있도록 실용적이고 합리적으로 설계해 놓았다. 벌금 제도도 천장 한가운데의 손잡이도 모두 남에게 피해를 끼치지 않으려는 뜻일 것이다.

가이드는 싱가포르를 '파인의 나라' 즉 '벌금의 나라'라고 했다. 그림을 보며 내내 궁금했던 '파인'의 뜻이 그때서야 풀렸다. '파인' 하면 나는 언제나 중학교에 가서 처음 접한 영어 교과서의 지문 "아임, 파인. 땡큐!"가 떠오른다. 처음 접한 외국어의 경이로움과 그 단문의 통통 튀는 어감과 '훌륭한' '좋은'이란 뜻이 너무 잘 어울려 지금도 잊히지 않는다. 그 문장이 깊게 각인되어 '벌금'이란 다른 뜻은 그만 잊어버렸다.

실내에서 키우는 화분의 받침에 물이 고여 있으면 그 물을 가져다가 수질검사를 하여 모기의 유충이 발견되면 벌금, 공중화장실을 사용하고 물을 내리지 않아도 벌금, 길에 침이나 가래, 껌 등을 뱉으면 벌금, 비둘기에게 자의로 모이를 주어도 벌금을 매긴다는 나라, 싱가포르. 비둘기의 번식을 막기 위해 수정이 안 되는 성분을 넣은 모이를 정해진 시간에만 준다고 했다. 우리나라에도 어느 도시에선가 그런 규정이 있다고 한다. 하지만 과문해서인지 그 일로 벌금을 냈다는 소리는 아직 들어보지 못했다. 싱가포르에선 가차 없다고 했다.

불법 주차 1회면 벌금, 2회면 눈에 확 띄는 주황색 옷을 입고 번화가 대형 쇼핑몰 앞에 서 있게 하고 3회면

면허 취소라고 했다. 나는 2회 벌칙이 더 놀랍고 그런 벌칙이 수용되는 것이 믿어지지 않았다. 아무도 불법 주차를 꿈도 꾸지 못할 것 같았다.

남의 와이파이를 주인의 허락 없이 쓰다 들키면 사생활 침해로 절도죄를 적용한다고도 했다.

벌칙도 무시무시했지만 속으로 앞의 위반을 어떻게 적발하나 궁금해하는데 가이드의 설명이 이어졌다. 단속반은 사복 차림의 3인조로 구성되어 있는데 문제점을 발견하면 1인은 인증 사진을 찍고 2인은 행위자를 제어하며 3인 모두 그 문제의 증인이 된다고 했다. 두 사람이면 잘못을 눈감아주도록 회유할 수 있을지 모르나 세 사람을 회유하기란 어려울 것이라는 부연 설명까지 했다.

문득 하늘이 알고, 땅이 알고, 자네가 알고, 내가 아는데(天知 地知 子知 我知) 이 세상에 비밀이 어디 있느냐고 했다는 후한서 양진의 고사가 생각났다. 3인조 단속반, 언뜻 생각하기엔 비용이 클 것 같았지만 넓게 보면 득이 더 크겠다는 생각이 들었다. 실업률 해소에도 도움이 될 것 같았다.

클린 시티

가이드는 싱가포르를 '클린 시티'라고 했다. 전선을 모두 매설하여 전주 없는 거리는 지상도 공중도 깨끗했다. 주차장이 아닌 곳에 주정차 된 차가 없는 도로, 깨끗한 환경을 위하여 차량의 총량을 정해 놓은 나라. 아무리 부자라도 싱가포르에선 마음대로 차를 살 수 없다고 했다. 자동차 생산 공장도 없다. 전량 수입하는 차에 엄청난 관세를 부과하여 그 돈을 공기 정화에 쓴다는 나라. 교통량이 많은 구간을 통과하는 차는 의무적으로 차 앞 유리에 붙여 놓은 선불카드에서 자동으로 교통 혼잡세가 결제된다고 했다. 운전자는 가능한 한 다른 경로를 찾으려고 애쓸 것이므로 조금이라도 교통 정체를 덜 수 있을 것 같았다.

싱가포르에선 간판도 규정이 있는데 자기 가게 앞에만 붙일 수 있고 돌출 형식은 안 된다고 했다. 무분별한 간판도 도시의 미관을 해치는 중요한 요인이기 때문일 것이다.

가이드가 '클린 시티'에 관해 정작 하고 싶었던 말은 그다음부터였을 것이다. 싱가포르에선 공무원이 부정을 저지르다 들통나면 본인은 물론 부모의 재산까지 몰수한다고 했다. 본인· 부모· 자식, 삼대가 못살게 된다고 했다. 1 더하기 1은 반드시 2인 공직사회. 한화 팔백만 원에 해당하는 고액권, 일만 싱가포르 달러가 자유롭게 유통된다고 했다. OECD 국가 중 국가 청렴도가 1위라는 나라, 싱가포르. 신뢰를 바탕으로 한 사회가 놀랍고 부러웠다.

2016년 상반기 한국은행 통계에 따르면 고액권인 오만 원 권이 전체 발행 화폐의 3/4을 넘었는데 회수율은 절반 정도밖에 안 됐다고 한다. 나머지 오만 원 권들은 다 어디에 있을까.

마리나베이샌즈호텔은 투숙할 때 객실당 200달러의 보증금을 맡기거나 냉장고 문을 잠가 달라고 해야 했다. 우리는 후자를 택했다. 객실 냉장고 속 음료수를 들었다 놓기만 해도 계산된다고 했다. 투숙객이 냉장고 속 음료를 마시고는 외부에서 사다 채워 놓는 바람에 생긴 조치라고 했다.

국토의 44%가 숲이라는 싱가포르는 도시 전체가 공원처럼 쾌적했다. 줄지어 선 빌딩들은 화려하지 않으면서도 아름다웠다. 똑같은 모양의 건축은 허가되지 않는다는 빌딩들은 다름 속에서도 조화를 이루어 보기 좋았다. 다르게 짓기 위해 늦게 짓는 건물일수록 생각이 깊어지고 그 깊이만큼 도시는 아름다워질 것이다.

인도의 폭만큼 차도 쪽 가장자리가 녹지인 도로들. 먼 남미에서 수입해 왔다는 이색적인 가로수들은 거리 전체가 식물원 같은 느낌을 주었다.

식수를 수입하는 나라

싱가포르는 물 부족 국가라고 했다. 1952년부터 100년간 인접한 말레이시아로부터 식수를 수입하기로 계약을 맺고 있다고 했다. 기호에 따라 해외의 유명한 물을 수입해 마시는 호사와는 차원이 달랐다. 계약 기간이 끝나기 전에 완전한 물 자급자족을 이루기 위해 바닷물 담수화, 빗물 정수 등 끊임없이 연구하여 커다란 성과를 내고 있다고 했다. 수도꼭지만 틀면 식수를 할 수 있는 물이 24시간 콸콸 나오는 나라, 무엇을 흥청망청 쓰는 것을 물 쓰듯 한다고 하는 우리를 생각하며 속으로 물을 절약할 것을 다짐했다.

마리나베이샌즈 호텔 · 쌍용건설

마리나베이샌즈 호텔은 싱가포르의 랜드마크 건물이

다. 21세기 건축의 기적이라는, 영국의 세계적인 구조 설계 회사인 아룹사 조차 '전 세계에서 가장 짓기 어려운 프로젝트'라고 고개를 저었다는 이 호텔을 우리나라의 쌍용건설이 지었다고 한다. 당시 우리나라 해외 건설 역사상 단일 건축 프로젝트로 최대 규모였다고 하며 설계는 세계적인 건축가 미국인 모세 샤디프가 했다고 한다. 사우디아라비아의 두바이 호텔과 비교해도 손색이 없다고 한다. 낯선 나라에 와서 국위 선양을 위해 애쓴 쌍용건설 사람들이 자랑스럽고 고마웠다. 설계까지 한국인의 작품일 날을 꿈꾸어 본다. 넓은 로비에 서 있으니 세계인이 다 지나가는 것 같았다. 모든 사람이 다 세련되고, 기품이 있으며 생동감이 넘쳤다. 호텔 로비에 서 있는 것만으로도 온 세계를 관광하는 것 같았다.

지상에서 200m에 달하는 55층, 초대형 호텔 세 개 동을 연결하여 옥상에 수영장을 만들어 놓았다. 길이가 국제 규격 세 배나 되는 150m라고 했다. 쾌적한 물속에서 온 세계 사람들이 즐겁게 담소를 나누며 수영을 즐기고 있었다. 지구촌이란 말이 너무도 잘 어울렸다. 수영장 속에서 내려다보는 야경이 환상적이었다.

쌍용건설은 마리나베이샌즈 호텔 건설로 세계 건설

업계에 위상이 드높아지고 중동의 유수한 호텔 건설 입찰에 참여해 줄 것을 요청받는다고 했다.

버스가 한곳을 지날 때 가이드가 창밖을 가리키며 삼성물산이 건물을 짓고 있는 건설 현장이라고 했다. 건물이 완공되면 지상 290m로 싱가포르 최고가 될 것이라고 자랑스럽게 말했다. 잠시 후 버스가 돌아서 또 그 현장 앞을 지나갈 것이라고 강조했다. 눈여겨보란 뜻일 것이다. 버스가 그 앞을 지날 때마다 그는 말하고 또 말할 것이다. 고국을 자랑하고 싶은 그 마음을 헤아리니 내 마음에도 잔잔한 감동이 일었다.

경제신문을 보니 터키에 건설될 세계 최장 현수교 건설에 우리나라의 대림산업과 SK 컨소시엄이 일본과의 강력한 경쟁에서 수주했다는 기사가 났다. 내년 11월 쿠웨이트에 완공될, 세계에서 가장 긴 사장교도 현대건설과 GS건설이 공사 기일을 맞추기 위해 구슬땀을 흘리고 있다는 기사가 이어졌다. 나는 그 기사를 읽고 또 읽으며 관계자들이 너무도 고마웠다. 냉혹한 국제 경쟁에서 고군분투하는 우리나라 건설 회사들의 건승을 온 마음을 다해 빌었다. 시장이라는 살벌한 전쟁터에서 사투를 벌이고 있는 기업들. 정부는 국위 선양을 위해 애쓰는 기업들을 진정으로 격려하고 지원해주길 바라는 마음 간절했다.

내가 경제신문의 그 기사를 눈여겨보게 된 것은 싱가포르 여행 영향일 것이다. 그 기사로 인해 우리나라의 건설 위상이 세계에서 어느 정도인지 알게 되었다. 여행을 다녀온 나라의 기사가 나면 그것이 무엇이든 예사로 흘려보내지지 않는다.

가이드는 싱가포르를 한마디로 표현한다면 첫째로 '클린 시티'를 꼽는다고 했다. 나는 '파인 시티'도 매우 인상 깊었다. 1 더하기 1은 반드시 2라는 정직, 누구에게나 예외 없이 공정하게 적용되는 벌금. 정직과 공정은 같은 뿌리일 것이다. 정직과 공정이 바로 선 정의로운 사회, 싱가포르. 우리가 지향하는 사회이고 나라이다.

공항으로 가는 버스 안에서 그간 씩씩하던 가이드의 목소리가 잠겼다. 한 팀을 떠나보내는 시간이 되면 어쩔 수 없이 고국에 있는 딸애의 모습이 떠오르고 가족과 고국에 대한 그리움이 밀려든다고 했다. 가족을 위해 이국땅에서 고생을 감내하는 그가 안쓰럽고 대견했다. 떠나는 사람도 보내는 사람도 다 같이 여행의 애수에 잠겼다.

별망단 가는 길

길을 물으려고 하여도 사람 한 명 눈에 띄지 않는다. 이 거리로 들어서기 전 즐비하던 상점들 또한 하나 없다.

지나가는 차량조차 거의 없다. 화물차 한 대를 발견하고 신호를 넣으며 다가가는데 못 보았는지 미처 가까이 가기도 전에 휑하니 달아나 버린다. 사통팔달 잘 뚫린 길에 무겁고 우울한 정적만 가득하다. 문득 생각난 듯 전신주 두어 곳에 붙어 있는 커다란 포스터만이 이 거리가 평일엔 인파로 붐빈다는 걸 애써 증명하는 듯하다. 코팅한 듯 번들거리는 진노랑 바탕에 멀리서도 한눈에 확 들어오는 빨갛고 검은 글자, ○○나이트 · 폰팅. 그 도발적인 색감과 다소 외설스러운 단어도 인적이 끊긴 거리에선 머쓱한 느낌이다.

안산시 별망산 별망단. 옛날 이 일대가 바다였을 때, 먼바다로 고기잡이 떠난 지아비를 그리며 날마다 별망산에 올라 기다리던 아낙이 있었다고 한다. 손바닥 차양을 이마에 대고 수평선 쪽을 하염없이 바라보았을 여인의 모습이 떠오른다. 만선을 기약하며 떠난 지아비는 달이 가고 해가 가도 소식이 없고, 아낙은 시름시름 앓다 불귀의 객이 되고 말았다는 전설을 지닌 별망단. 별망산 산등성이 끝에서 발돋움하고 그 옛날 아낙이 때로는 간절한 희망으로, 때로는 시름에 차서 바라보았을 먼 곳을 바라본다. 바다는 보이지 않고 온통 공장지대다. 매립되기 전 바다였다는 사실이 선뜻 믿어지지 않는다. 넘실넘실 지아비를 태워 갔을 뱃길은 간데없고 멀리 넓게 자리 잡은 열병합발전소만 눈에 들어온다. 그 너머 안개인지 매연인지 온통 흐릿한 끝자락에 희번덕이는 듯한 저기가 바다인 모양이다.

성 안 가운데쯤 조금 평평한 곳에 잘 만든 봉분 하나가 있다. 그 앞 널찍한 제단석 앞면에 글자도 또렷하게 별망단(別望壇)이라고 새겨져 있다. 별망단, 모든 별리의 애절한 기다림에 대한 제단일까.

한쪽은 반월공단, 다른 한쪽은 시화공단. 생계를 위하여 수많은 위험이 도사린 먼 뱃길을 떠나야 했던 지아비들. 이제 저 공단이 그 험한 뱃길이 아닐는지. 그때는 변화무쌍한 자연재해가, 오늘날엔 온갖 중금속으로 인한 산업 재해가 별망단을 이어갈 것 같다.

마실 것을 사기 위해 간이 상점이라도 찾는데 몇 명

의 사람들이 보인다. 낡은 비치파라솔, 녹슨 탁자며 의자들, 모두 작업복 같은 바지에 흰 메리야스를 입었다. 때 이른 더위에 하얀 메리야스가 눈에 부신다. 먼 곳에서 볼 때부터도 열려 있을 것 같지 않던 가게 문은 가까이서 보니 아예 자물쇠로 채워져 있다.

돈도 없고, 갈 데도 없고. 저 외국인 노동자들 일요일이 되어도 저럴 수밖에 없을 거야. 아들이 말한다. 일하다 새참, 또는 망중한을 즐기는 사람들로 생각하던 나는 깜짝 놀란다. 듣고 보니 생김새가 우리와 달랐던 것 같고, 활기라고는 없었던 것 같다. 유난히 새하얗다 싶던 상의도 상대적으로 더 짙은 그들의 피부색과 대비되어 그렇게 보였을지도 모르겠다.

근로자에게 휴일은 손꼽아 기다리던 날. 한 달에 두 번 있는 휴일을 위하여 전 직원이 성찬을 약속받은 아이들처럼 열심히 공장 안팎을 청소했다. 외국인 노동자란 상상도 할 수도 없었고 특별히 기피하는 업종도 없었다. 모두 할 일이 있는 것만으로도 고마워했다. 휴일의 공장엔 소음도 쉬고 먼지도 쉬는 나른함과 한가함이 감돌았다. 기계 하나하나, 작업장의 구석구석에 힘껏 일한 다음의 행복한 휴식이 숨 쉬고 있었다.

처음 '코리안 드림'이란 말을 들었을 때 잘 알아듣지 못했다. '코리안 드림, 코리안 드림' 하다가 '아메리칸 드림'을 해보았다. 그랬더니 무슨 뜻인지는 알겠는데 여전히 이해는 잘되지 않았다.

6·25 한국전쟁을 겪으면서 한때는 최빈국이었고, 가난에서는 벗어났다고들 하지만 국민 행복지수가 하위권인 우리나라가 꿈의 대상이라니…….

코리안 드림을 좇아, 주로 동남아 지역에서 들어오려는 외국인 노동자들이 해마다 늘어난다고 한다. 중국을 다녀와서 그 실감 나지 않던 코리안 드림을 이해하게 되었을 땐 이미 외국인 노동자 문제는 사회의 주요 이슈가 되어 있었다. 외국인 고용허가제, 강제 추방, 중소기업의 일손 부족, 인력 대란…….

배가 고파 하와이 사탕수수농장 일꾼으로, 독일의 광부로, 간호사로 떠났던 지난날 우리의 처지가 겹치며 한줄기 연민이 가슴을 찌르고 지나갔다.

그 옛날 먼바다에 고기잡이 떠났던 우리들의 지아비들처럼 저마다 사랑하는 사람, 어머니의 대지를 두고 멀리 코리아에 꿈을 실현하러 온 현대판 어부들. 그들이 떠나온 곳엔 간절한 그리움과 기다림으로 시름이 깊어가는 별망단의 아낙 같은 이들이 있을 것이다.

갓바치 길, 실타래 길, 별망단 길 등 이름마다 이 공단을 조성할 때 얼마나 많은 사람이 애정과 염원을 담았는지 알 것 같다. 정겨운 이정표가 그 무거움을 깬다.

코로나19 단상

아쿠아로빅 강습이 끝나자 강사가 "코로나19로 다음 주는 휴강이니 삼월에 만납시다"라고 했다. 연일 언론에서 어디에서 몇 명의 확진자가 나왔다느니, 세계의 주요 국가들이 자국의 방역을 위해 외국인의 입국을 막는다느니, 이전까지는 상상도 못 했던 뉴스를 풀어놓던 와중이었다. 올 것이 왔구나 싶었다.

휴강 기간이 끝나기도 전에 '연락이 있을 때까지 강습을 무기한 연기한다'라는 문자가 왔다. 체육관, 복지관, 어린이집, 유치원에서 대학교까지 많은 사람이 모이는 곳은 모두 봉쇄되었다. 여고생이 될 꿈에 부풀었던 손녀는 학교도 친구도 선생님도 대면하지 못한 채 고등학생이 되었다. 외손자들도 봄방학의 연장인 채로 대학 입시의 중요한 시기인 고교 삼 학년을 맞았다.

마스크 착용이 코로나 예방의 필수품이 되자 기능별로 쫙 걸려 있던 약국의 마스크 진열대가 순식간에 싹 비었다. 시중의 마스크란 마스크가 삽시간에 일제히 사라지는 마스크 대란이 일어났다. 마스크의 품귀가 극심해지자 온라인 커뮤니티에선 애장품과 마스크를 교환하자는 제안이 줄을 잇는다고 했다. 진기한 우편엽서를 모으는 게 취미인 한 학생은 해외에서 구해온 귀한 엽서와 교황의 방한 기념엽서 등 애장한 엽서 10개와 마스크 10개를 맞바꾸었다고 한다. 마스크가 기축통화란 촌철살인 같은 농담이 등장했고 화폐 대신 마스크를 쌓아 놓고 카드놀이를 하는 세태를 풍자한 동영상도 나돌았다.

인터넷상에선 부르는 게 값인 모양이었다. 딸애가 퇴근 후 인터넷에 매달려 겨우 마스크와 손 세정제를 주문해 놓으면 배달 시간에 임박하여 일방적인 취소를 한다는 거였다. 우선 주문부터 받아놓고 더 높은 가격을 줄 사람을 물색하면 취소하는 모양이었다. 우리가 생필품 사재기를 안 했다는 것은 성숙한 시민의식에서가 아니다. 어떤 상황에도 흔들리지 않을 만큼 성장한 우리의 생산력과 유통망에 대한 믿음 때문이다.

뉴스에서 우한 폐렴이라고 부르지 말고 코로나19이라고 불러야 한다고 했다. 메르스(MERS)가 유행했을 당시 중동의 많은 아랍 국가들이 세계보건기구(WHO)에 항의했다고 한다. 메르스를 풀어쓰면 중동호흡기증

후군이기 때문이다. 2015년 세계보건기구는 새로운 전염병의 이름에 특정 지역, 사람 혹은 동물 이름, 개인 또는 집단을 지칭하지 않고 발음이 가능한 명칭을 찾아서 짓도록 하는 원칙을 세웠다. 코로나19는 이 원칙을 적용한 첫 사례였다.

코로나19는 코로나바이러스19의 약칭이다. 이 질병의 바이러스 외피 돌기가 왕관 모양으로 생겼다 하여 라틴어 왕관, 즉 코로나(Corona)에다 처음 발병한 해인 2019년의 끝 두 자리 '19'를 붙인 것이다. 나는 그 외피의 돌기가 전혀 왕관처럼 보이지 않았다. 제발 가볍게 지나가 달라는 주술이 담긴 작명같이 생각되었다.

코로나19의 위력이 놀랍다. 가장 놀라웠던 것은 그야말로 반짝 가격이었지만 원유를 사면 공짜일 뿐만 아니라 보조금까지 준다는 뉴스였다. 마트에서 곧잘 하는 1+1도 아니고 거저에다 덤까지 얹어 준다는 것이 도무지 이해되지 않았다. 잘못 알아들었나 싶어 아들에게 진짜냐고 거듭 물었다. 원유 생산시설은 생산하지 않으면 바로 유전이 고갈되어 버린다고 한다. 저장시설들은 포화 상태이고 코로나로 인하여 경기가 가라앉아 소비가 없으니 그렇게라도 해서 기름을 퍼내지 않으면 안 된다고 했다.

건강 이득이라는, 처음 듣는 말도 접했다. 미국의 연구팀에 의하면 세계의 굴뚝이라는 중국 공장들이 코로나19로 가동률이 뚝 떨어져 석탄 소비가 줄어들자 중국의 하늘이 맑아졌다고 한다. 코로나로 3천3백 명이 죽을 때 대기오염으로 죽는 사람이 만 이천 명 감소하는 건강 이득이 생겼다는 것이다.

우리나라는 코로나 발병 처음에 확진자는 물론이고 그의 동선에 관계된 집단 전체를 무료로 검사했다. 내외국인의 차별이 없었다. 검사를 빈틈없이 하니 감염이 사전에 차단되어 이득이고, 각자 개인의 위생에 철저하여 감기 같은 호흡기 질환은 물론이고, 외출을 자제하여 노년층의 부상 같은 정형외과 관련 질환도 예년에 비해 대폭 줄었다고 했다. 코로나 관련으로 늘어난 비용보다 질병이 감소하여 줄어든 비용이 훨씬 더 크다고 했다. 미국의 연구팀이 우리나라의 코로나 관련 비용을 연구했더라면 거기서도 건강 이득을 발견하지 않았을까 싶다.

중국 앞바다에 정박해 있던 미국 항공모함 루스벨트호는 탈영한 병사가 자수할 때까지 잡지 못한다는 우스

개가 있을 만큼 거대한, 작은 도시만 한 배다. 이 항공모함에 코로나 확진자가 100여 명 발생하여 임무 수행에 차질이 생겼다고 한다. 중국을 견제하던 미국의 항공모함이 코로나19의 감염으로 총알 한 발 날아오지 않았는데 백기를 든 셈이었다.

오랜 기간 내전에 휘말렸던 시리아, 리비아, 예멘이 휴전을 앞당기고 남미의 높은 범죄율도 떨어졌다고 한다. 남아프리카의 악명 높은 갱단들도 주민들의 식량 배급을 돕는 봉사를 한다고 했다. 천국을 경험하지 않았을까 싶다. 다들 본연의 자리로 돌아가 광기에 휩쓸렸던 자신들을 되돌아보는 계기가 되었으면 좋겠다.

세계인의 축제 2020 도쿄올림픽도 일 년 연기되었다. 124년 올림픽 역사상 질병으로 대회가 연기되기는 처음이라고 했다. 이름난 각종 국제대회가 연기되거나 취소되었다. 누군가에게는 불운이, 누구에게는 전화위복의 계기가 되기도 할 것이다.

전자현미경이 아니면 관찰할 수도 없는 나노미터(nm, 1/10억m) 단위의, 숙주세포 없이는 살 수도 없는, 생물과 무생물의 경계에 있다는 바이러스가 일으킨 전염병에 온 세계가 떨고 있다. 바이러스 측에서 보면 살기 위해 숙주의 몸에 들어가고, 너무도 미약하기에 무한 증식을 꾀할 것이다. 코로나바이러스의 형태가 너무 빨리 변해 백신을 만들기가 어렵다고 한다. 이 또한 미약한 것들의 생존전략일 것이다. 약한 것이 잡아먹히지 않으려면 재빨리 변신해야 할 것이다.

코로나19의 거리두기가 어느새 일 년이 넘었다. 이 긴 거리두기의 시간에 나를 되돌아본다. 거기 외롭고 초라한 내가 있다. 예술로 우아하게 살기를 원했고 철학으로 지혜롭게 살기를 원했으며 광대무변한 자연의 신비를 사랑하며 살기를 원했다. 그 모든 게, 척하는 것이었을까.

창밖에는 많은 비가 줄기차게 쏟아지고 있다. 사물이 빗물 커튼을 친 것처럼 어렴풋이 보인다. 슬픔 같기도 하고 그리움 같기도 한 것이 괴어든다.

천백만 명

여고 동창인 우리는 매월 만나는 날 영화를 본다. 아마도 삼십 년은 더 되었을 것이다. 언젠가 모임 끝에 영화를 본 것이 계기가 되어 자연히 모임이 있는 날은 영화를 보는 날로 정착되었다.

무슨 영화를 볼까 의논하는데 한 친구가 자막 읽는 속도가 예전만 못해져 다 읽기도 전에 화면이 바뀌더라고 누가 들을세라 가만히 말했다. 그 친구가 먼저 말했을 뿐 우리 모두 비슷한 형편을 겪고 있는 터였다. 그 후 외화는 우리의 관람 대상에서 제외되었다.

어쩌면 자막을 빨리 읽지 못한다는 것은 핑계였을지도 모른다. 우리는 외화의 경향이 갈수록 건조해지는 것 같다고 토로했었다. 우리 기억 속의 외화는 '애수', '마음의 행로', '남태평양', '사운드 오브 뮤직', '대탈주' 등 모두 서정적인 것으로 마음 깊이 각인되어 있었다. 전쟁 영화도 제2차 세계대전의 후유증을 위로하듯 낭만과 눈물, 재치가 있었다. 가공할 속도와 파괴가 판치는 요즘의 외화는 우리의 정서와 멀었다.

만화영화 또한 어린이의 전유물이라는 듯 배제했다. 사회문제 제기 같은 무거운 영화도 버거워했고 범죄 영화도 피했다. 영화 선택의 범위가 매우 좁았다.

"스크린 점유율 최다, 개봉일 최대 관객 동원, 역대 최대 예매율, 기존 한국 영화가 보유한 기록을 줄줄이 갈아치웠다." 영화가 시작되자마자 잘못된 선택이었다는 낭패감으로 헛웃음 쳤던 영화 '부산행'에 대한 기사가 신문마다 화려했다. 멀쩡한 낮임에도 좌석이 다 찼고 뭔지 모를 흥분이 감돌던 극장의 분위기가 떠올랐다. 충격이었다. '부산행'의 어디에 그토록 대단한 매력이 있었는지 이해가 되지 않았지만, 그 대단한 영화를 우리가 개봉 첫날 본 거였다.

어떤 영화를 볼까 하고 상영 중인 영화 홍보판을 열람하니 언뜻 '부산행'이란 제목이 눈에 들어왔다. 맹목적인 고향 사랑이었을까. 우리는 제목을 보자마자 그 영화로 낙점했다. 다른 친구들은 어땠는지 모르겠지만 나는 '부산행'을 '부산항'으로 잘못 읽었다. 앞의 두 글자만 읽고 마지막 자는 초성 'ㅎ'만 보고 자의적으로 읽은 셈이다.

순간 아름답고 청순한 여배우 오드리 헵번이 나오는

영화 '로마의 휴일'이 생각났다. 내가 태어나서 사는 도시 부산에 어떤 이야기가 입혀져 그 영화에서의 로마처럼 부산이 정감 있게 그려져 있을까. 영화를 보기 전부터 부산의 명소들이 두서없이 떠오르며 마음이 설레기까지 했다.

영화는 부산의 아름다운 곳은커녕 마지막 장면에 부산역이 잠깐 비쳤을 뿐 시종일관 ktx 열차 안에서 전개되었다. 좀비를 피해 필사적으로 달아나는 사람들과 그들을 물어서 자기들과 같은 좀비로 만들려는 좀비 집단의 대추격전이었다. 전혀 예상치 못한 내용에 실망하여 모처럼 나온 김에 볼일이나 봐야겠다며 일어서려는 친구를 이왕 들어왔으니 더 있어 보자고 다른 친구가 붙잡았을 정도였다. 영화는 실망스러운 가운데서도 긴장감이 넘쳐 보는 내내 의자 끝에 앉아 등받이에 한 번 기대지도 못했다. 그런 내가 어이없어 긴장한 가운데서도 연신 헛웃음이 나왔다.

신문마다 우리나라에선 좀비 영화가 안 통할 줄 알았는데 대성공이라고 썼다. 좀비란 말을 신문에서 볼 때마다 그 생소한 단어의 뜻을 이해하려 애썼지만, 실감이 나지 않다가 그때서야 좀 알 것 같았다. 오염돼 가는 인간성을 좀비로 표현했다고 할까. 현대판 귀신영화라고 할까. 예전의 귀신영화 같은 사적인 원한은 없었다. 그 가공할 기세에도 결국은 선이 이긴다는 해피엔딩이었지만 나는 치켜뜬 경직된 눈, 사지의 관절을 괴이하게 꺾는 기괴한 동작의 좀비 생각만 났다. 극장을 나서며 아까 더 있어 보자고 말리던 친구가 "볼 만하네"라고 했다. 요즘 영화 경향을 이해하는 데 도움이 되었다는 뜻이었을 것이다.

입장권 통합 전산망 집계가 천백만여 명이었다고 한다. 나는 어떤 영화를 천만 명 이상이 보았다고 하면 왠지 으스스해진다. 혹시라도 우리의 사고가 획일화될까 염려해서이다.

오천만 인구(2015년 세계 인구 현황, 한국어 편 우리나라는 5,030만 명) 중에서 영화관람 연령에 못 미치는 영유아, 어린이, 극장에 가기 힘들거나 도서벽지의 주민을 뺀 인구수를 어림잡아 본다. 대략 4명 중 한 명꼴로 이 영화를 봤다는 계산일 것 같다. 물론 같은 영화를 여러 번 본 사람도 있을 것이다. 하더라도 엄청난 수치다.

세계 영화의 본산이라는 할리우드에서조차 우리나라에 영화를 배급할 날짜를 고려한다는 기사를 읽은 적이 있고 새 영화의 첫 상영을 우리나라로 잡는다는 기사를 본 듯도 하다. 다른 나라 사람들은 얼마만큼 영화를 볼까.

와전인지 재난 영화 '판도라'를 보고 국가의 기간산업인 원자력 발전소를 폐기하라고 했다 한다. 우리 모임에서도 그 영화를 봤다. 원자력 발전소가 있는 고리와 멀지 않아서 더 긴장하며 영화를 봤다. 원자력 발전을 숙고하게 하는 영화였지만 또한 그냥 재난 오락 영화였을 뿐이었다.

세계에서 문맹률이 가장 낮다는 우리나라 국민이 독서량에서나 도서 구입비에 있어서나 세계인의 수준에 훨씬 못 미친다고 한다. 읽는 것보다 보는 것이 빠른, '빨리빨리'를 선호하는 우리 국민의 성향 때문일까.

문학, 미술, 음악, 건축, 무용 등을 총망라한 현대문명의 총아, 영화. 다른 예술 분야에 비해 쉽게 접근할 수 있는 종합예술, 영화. 우리는 예술에 너무 안이하게 접근하는 것은 아닐까 하는 생각이 든다.

잃어버린 수오지심(羞惡之心)

봄볕이 동향인 베란다 끝쯤에 걸린 오전, 한가하게 소파에 앉아 이 책 저 책을 뒤적이고 있었다. 어떻게 어머니가 그렇게 변할 수가 있습니까. 큰애가 머리의 물기를 닦으며 아무래도 믿어지지 않는다는 듯, 이런 질문을 해서 죄송하다는 듯 겸연쩍게 웃으며 말했다. 너무 이상해서 웃는 그런 웃음이었다.

일이 주에 한 번 다녀가는 큰애가 집에 있다는 것만으로도 푸근하던 마음에 파문이 일었다. 인간적인 품위에 미세한 상처를 입는 느낌이었다. 한편 엄마라는 이름이면 자식에게 불의를 보고도 못 본 척하라고 해도 괜찮다는 내 무딘 양심이 부끄러웠다.

모임에서 요즈음은 길을 가다 보아도 못생긴 아이들이 없더라. 소득 수준의 향상으로 다들 잘 먹이고 잘 입혀 하나같이 인물이 훤칠해졌다는 말이 나왔다. 그러자, 한 친구가 자연스레 제 시모의 목격담을 이야기했다.

친구의 시모께서 버스를 탔는데 멀쩡하게 생긴 청년이 차의 진동에 의해 부딪치는 척하며 당신 바로 앞에 앉은 여자 승객의 목걸이를 소매치기하는 장면을 목격하게 되었다. 시모는 그 엄청난 불의를 바로 눈앞에서 보고도 아무 말 못 하고 제발 목걸이의 주인이 그 사실을 알아채고 조치를 취하기만을 바랐을 뿐이었다. 주위를 곁눈질해 보니 낮이어서인지 대부분 아저씨, 아주머니들인 다른 승객들도 겁먹은 표정으로 보고만 있을 따름이었다.

버스가 다음 정거장에 정차하자 그 소매치기는 유유히 내렸는데 놀랍게도 같은 패거리로 보이는 일당이 예닐곱은 되었다. 모두 허우대가 멀쩡했고 값진 옷과 유명 메이커 신발을 착용하고 있었다. 친구는 귀티라는 말을 그런 데 써도 되는 건지 모르겠지만 하고 전제하고서 시모께서 소매치기 일당들이 귀티까지 나더라고 하셨다 했다. 평소 친구는 자기 시어머니가 매사에 깔끔하고 사리 분별에 밝다고 얘기해온 터였다. 설마 귀티였을까. 부티가 아니었을까 싶었지만, 부티와 귀티를 분간 못하실 친구의 시모는 아니셨다. 격조 있는 어휘 '귀티'가 소매치기 일당에게 쓰인 것엔 미안했지만 친구 시모께서 말씀하신 뜻도 이해되었다. 일제강점기, 6·25동란, 보릿고개 등 민족의 수난과 너무도 궁핍한 세월을 온몸으로 살아오신 그분께는 소매치기가 멀건 것이 이상했을 것이다. 남의 것을 훔치는 사람은 모름지기 생활고에 찌들어 척 보기만 해도 가난한 티가 줄줄 흐르거나 도둑처럼 보일 것이라는 고정관념을 가지고 있었을 것이다.

그 이야기를 아침 식사 때 했다. 큰애야, 너 그런 경우 절대로 나서지 마라. 일당이 한둘도 아니고 예닐곱이었대, 예닐곱. 내가 생각하기에도 떳떳하지 않아 공연히 예닐곱을 강조했다. 그런데 분위기가 이상했다. 친구들끼리 얘기할 때는 아무렇지도 않던, 세상 사는 이야기가 왠지 궁지에 몰리는 듯한 느낌이었다. 대학생인 딸애는 얼굴 한 번 들지 않고 고개를 푹 숙이고 밥을 먹었고, 남편은 젓가락을 든 것도 잊은 양 기가 막힌다는 표정으로 나를 멀거니 바라보았다. 놀라 휘둥그레진 큰애의 눈동자엔 당혹감이 꽉 차 있었다. 그걸 말이라고 하느냐는 남편의 일갈에 횡설수설 변명하는 내 모습이 말이 아니었다.

큰애의 반 한 학생이 교실에서 고가의 손목시계를 잃어버린 사건이 있었다. 특별한 기념으로 학생의 아버지가 큰마음 먹고 사준 시계였다. 담임은 모두 눈 감으라 해놓고 지금이라도 가져다 놓거나 몰래 손을 들면 불문에 부치겠다고 했다. 담임선생님도 그 이상의 방법이 없었을 것이다. 시계는 찾지 못하고 심신이 피곤한 고3 학생들의 원망만 교실에 가득했다.

그날 큰애와 친한 옆 반 학생이 큰애에게 너희 반 아무개가 자기네 반 누구에게 시계 맡기는 것을 우연히 목격하게 되었다는 귀띔을 했다. 은밀한 행동이 수상쩍긴 했지만 설마 그런 큰일일 줄 몰랐다고 덧붙였다. 큰애는 시계를 맡겼다는 급우에게 방과 후 학교 뒤껻에서 보자고 했다. 그 애도 자기의 범행이 들통난 것을 눈치챘을 것이고 그렇다고 물러설 수도 없었을 것이었다. 둘은 서로 지쳐 떨어져 나갈 때까지 치고받고 했다. 큰애는 다음에 또 우리 반에서 이런 일이 생기면 그때는 가만히 있지 않겠다고 제가 무슨 정의의 사도처럼 끝을 맺었다. 큰애가 책가방은 물론이고 머리에서 발끝까지 온통 먼지투성이에다 만신창이 되어 온 적이 있었다. 바로 그날인 모양이었다.

친구가 시모의 목격담을 얘기했을 때 나는 말수가 적으면서도 불의를 지나치지 못하는 큰애 생각이 떠나지 않았다. 듣는 내내 이 이야기를 큰애에게 꼭 해주어야겠다는 생각뿐이었다. 그런 경우를 마주치더라도 못 본 척하라는 비겁한 가르침이었다. 무엇에 홀렸는지 큰애나 다른 식구의 반응에 대해서는 전혀 고려하지 않았다. 그 반응은 불을 보듯 뻔했는데.

밤길을 무서워하며 걷는데 딱, 큰애의 목소리가 머릿속을 울렸다. 어머니, 그 사람이 어머니나 누이동생일 수도 있다는 생각은 해보지 않으셨습니까.

잃어버린 수오지심, 언제 어디서 잃어버렸을까. 무디다 못해 마비된 수오지심. 언제 이렇게 깊이 병들었을까.

羞惡之心

행복한 수요일

복지관 한글 교실엔 배움에 목마른 어머니들의 열정이 가득하다. 나이를 초월하여 활기찬 눈동자에선 반짝반짝 빛이 난다.

성 어머니께서 결석이시다. 양쪽 무릎에 인공관절 수술을 받았다고 한다. 지난주 수요일까지 아무 말씀이 없으셨다. 주위의 얘기를 들으니 그간 몹시 고통스러워하셨다고 한다. 배우고 있는 교재가 끝나면 수술을 하려고 미루다가 상태가 더 악화되었다고 한다.

그분은 상당히 먼, 농촌에서 오신다. 자택에서 시외버스 정류장까지는 십칠, 팔 분 자전거로 이동한다. 타고 온 자전거는 길가 보관대에 매어두고 하루에 다섯 번 다니는 시외버스를 타고 구포시장까지 와서 다시 복지관 가는 버스로 갈아탄다. 언제나 곱게 화장하시고 예쁘게 차려입고 오신다. 부지깽이도 거든다는 농번기에도 결석 한 번 않으신다. 한겨울에 자전거를 타고 달리면 얼굴이 얼마나 시리셨을까.

마을 부인들이 뜻을 모아 그분께 새마을 부녀회장직

을 맡아 달라고 했지만 차마 자신이 공문 한 장 볼 줄 모르는 문맹이라고 밝힐 수는 없었다. “이 사람들아, 우리 집 일이 얼매나 많노. 그것 맡을 시간이 어디 있노” 하며 거절하셨다고 한다. 남편이 허락하지 않는 모양이라고 오해한 부인들은 남편을 찾아갔다. 딱 적임자인데 저렇게 안 하려고 하니 좀 도와주십사고. “아이고, 우리 집 살림이 어디 보통 살림인교. 저 사람 시간 없심더.” 부인의 활달한 성품과 배포와 일을 끌고 나가는 당찬 추진력을 누구보다 잘 아는 남편의 마음이 더 안쓰러웠을 것이다.

일꾼들의 점심, 새참까지 직접 챙겨야 더 풍성하다고 손수 하신다고 한다. 주인이 솔선수범해야 일하는 사람들도 열심히 한다고 종일 집일, 들일을 가리지 않는다. 밤이면 그 지친 몸으로 쏟아지는 잠을 쫓으며 책을 펴 놓고 복습, 예습을 하신다고 한다. 교사인 딸은 친정에 들릴 때마다 엄마의 학습 진도를 몰래 들여다보고는 애써 눈길을 피한다고 한다. 지난 어버이날에는 서툰 글로나마 자녀들에게 고맙다는 편지를 써 온 가족이 읽고 감동했다고 한다.

인공관절 수술의 회복이 어디 쉬운 일인가. 조리가

채 끝나지도 않았는데 복지관에 나오신다. 사업하는 아들이 모시고 오고 끝날 시간에 와서 모시고 간다. 왕복 2회, 서너 시간은 족히 걸리는 거리다. 그 정성에 나도 저절로 숙연해진다.

칠십 대 중반을 넘었으면서도 병약한 남편, 아들 내외, 손자 손녀 등 대가족 살림을 맡아 하시는 숙 어머니. 서울 동생네 가는 ktx 열차 안에서도, 모처럼 간 동생네에서도, 남편이 입원해 있는 병실에서도 초등학교 국어책을 펴놓고 읽고 쓰고 하셨다고 한다. 검정고시를 거쳐 중학교에 갈 꿈을 지닌 어머니이시다. 마음속에 새하얀 깃이 눈부신 교복을 입은 당신의 모습을 간직한 어머니는 미소가 해맑고 소녀 같으시다. 어버이날 며느리의 편지에, 아가야 고맙다, 사랑한다는 답장을 써서 며느리가 어머니 품에 안겨서 울었다고 한다. 남편의 병환이 깊어져 계속 결석이시다. 그토록 원한 공부도 가족보다 우선일 순 없기 때문이다. 얼마나 공부가 하고 싶으실까.

부식 공장을 하는 남편 뒷바라지와 장애가 있는 아들과 개구쟁이 손자들을 돌보는 심 어머니. 복지관에 오시는 시간이 당신에게는 유일한 휴식 시간이라며 유쾌하게 들어서신다. 반주에 맞추어 습관처럼 부르던 성가를 글을 알고 내용을 음미하며 부르니 더욱 은혜를 받는 것 같더라고 하시며 환하게 웃는다. 미사 중 독서도 했다고 말할 땐 스스로 대견하여 얼굴에 빛이 나는 듯했다.

문자를 막힘없이 보내고 카카오톡 하는 재미에 푹 빠지신 선 어머니. 남편의 예비군 훈련 소집통지서를 읽지 못해 낭패했던 지난 일을 스스럼없이 말한다. 문맹을 들킬까 숨죽였던 일도 유쾌한 추억이 된 모양이다.

손자가 "나는 삼 학년인데 할머니는 왜 오 학년 책 공부를 해요" 해도 서운하지 않다는 순 어머니. 배우지 못한 한이 얼마나 깊었던지 철부지 손자의 말 한마디에도 상처받으시더니 이제는 손자와 말장난을 즐기는 모양이시다.

뇌경색으로 중학교를 졸업하고도 다시 한글을 배우러 오시는 필 어머니는 오늘도 또박또박 열심히 교과서를 읽으신다. 모든 것을 잊었어도 예전에 배운 기억은 어딘가에 숨어 있게 마련인지 의외로 어려운 과제의 이해가 빠를 때도 있다. 역시 배움은 소중하다. 십육, 칠년 전에 앓은 병의 후유증으로 지금도 마트에 갈 때 달랑 만 원권 한 장만 들고 가서 한 가지 물건밖에 못 산다고 하신다.

장갑 낀 오른손이 기계에 딸려 들어가, 검지를 다쳤던 남 어머니는 거의 다 낫고도 붕대를 풀 수가 없었다. 통원 치료 때마다 매번 접수증을 써야 했는데 회사 사람 아무도 어머니가 문맹인 줄 모르기 때문이었다. 이런 손으로 어찌 글을 쓸 수 있겠느냐는 무언의 뜻으로 붕대가 눈에 띄도록 일부러 더 넓게 감았다고 하신다. 음전한 어머니께 이웃분이 편지를 내밀며 좀 읽어달라고 했을 땐 얼마나 당황하셨을까. 급한 일이 생겼다고 둘러대고 도망치듯 그 자리를 피한 일을 무슨 코미디 같이 말씀하신다. 지난 일을 회고하는 눈매가 따뜻하다.

온갖 구황작물로 진저리치도록 죽을 끓여 먹어 죽이라면 전복죽도 호박죽도 다 싫다는 강 어머니. 소나무의 속껍질을 넣고 끓인 송기죽은 섬유질이 워낙 질겨서 변을 보는 게 무척 힘들었다고 회상하신다. 우리는 진저리치던 구황식품들이 고가의 귀한 자연식이 된 세상이라며 웃는다.

문해 교실에 다니는 것을 아는 사람의 눈에 띌까 봐 교실 출입문에 신경을 세우던 분들도 이제는 문이 열렸

건, 닫혔건 마음 쓰지 않는다. 많은 시간과 교통비를 들여 먼 곳에서 오는 성 어머니도 집 근처에 한글 배움터가 없어서가 아니다. 당신을 아는 사람이 없는 곳을 찾아오신 것이다. 배우지 못한 것이 결코 당신들의 잘못은 아니지만, 글을 모르는 것은 어쩔 수 없는 흠이기 때문이다. 어머니들은 글을 어느 정도 깨칠 때까지는 식구들에게조차 비밀로 하기도 했다고 하신다. 잘해 나갈 수 있을지 하는 염려에서였을 것이다. 동병상련인 어머니들은 교실 안에서는 스스럼없지만, 밖에서는 한글 교실 다니는 것을 숨기신다. 언젠가 지역신문에서 취재하려고 했을 때 하나같이 모두 완강하게 반대하셨다.

텔레비전 자막을 읽었다고 기뻐하신다. 자막이 너무 빨리 지나가 제대로 읽지는 못했지만 읽을 수 있다는 게 어디냐고, 점점 더 많이 읽을 수 있을 것이라고 스스로 대견해하신다. 생소하거나 모르는 글자를 보면 그대로 그려 오거나 그 부분을 잘라 와서 무슨 글자냐고 물으신다. 모를 땐 보이지 않던 글자들이 저절로 눈에 들어오고 궁금해진다고 하신다.

삼일절 무렵이면 일제강점기와 유관순 열사, 안중근 의사에 대해 이야기를 해 드린다. 여기서 의사란 나라를 위해 의로운 일을 하다 숨진 분이란 뜻이라고 설명한다. 한 분이 도마 안중근 의사가 병을 고치는 의사가 아니고 그런 뜻이냐면서 놀란다. 의사라고 하기에 당시에도 부잣집에서 태어나신 줄 알았는데 아니구나 하며 새로운 앎에 기뻐하신다. 나는 도마 안중근이란 호칭에서 의사께서 천주교 신자였다는 걸 알게 된다.

점자를 만든 '여섯 개의 점, 브라유'를 공부하며 헬렌 켈러와 앤 설리번에 관해서 이야기한다. 용기를 드리고 싶고, 워낙 유명한 분들이어서 어디서 다시 듣게 될 때 생각이 났으면 하는 마음에서다. 앞에 있는 헬렌과 앤이 이름이고 뒤에 있는 켈러와 설리번이 성이라고 하며 서양에선 이름을 앞에 쓰고 성을 뒤에 쓴다는 설명도 한다. 신기해하고 재미있어하신다. 어머님들은 새하얀 순면 손수건 같아서 무엇이든 선명하게 흡수하신다.

이런 수업 방법을 무척 좋아하시며 더 많은 것을 가르쳐주기를 원하는 분들도 있고, 오직 글자 공부만을 원하시는 분들도 있다. 앞만 보고 달리는 것보다, 잠시 쉬어가는 것이 더 효과적인 학습일 텐데 이해시키기가 쉽지 않다. 시작할 땐 쉬울 것 같던 한글이 맞춤법에 맞게 쓰기가 점점 더 어려워져서 일 것이다. 갈 길은 멀고 세월은 쏜살같고. 어머니들의 조급한 마음을 알기에 더욱 그러하다.

배움에 목말랐던 것만큼 열심히 사셔서 경제적으로, 사회적으로 튼튼한 기반을 이룬 일가의 한 축이신 어머님들. 그분들의 열정적인 삶의 모습에서 내가 배우는 게 훨씬 더 많다.

신문을 읽으며 어머니들께 도움이 될 기사가 있는지 챙긴다. 유익하고 흥미롭고 유쾌한 기사를 찾는다. 교재와 연관된 것을 검색하고 사전을 찾는다. 그 과정이 즐겁고 나를 되돌아보는 계기가 되기도 한다.

수업이 있는 날은 어머님들께는 배움의 갈증을 풀러 오시는 날이고 내게는 행복을 배가하러 가는 날이다.

복지관, '복지'의 뜻을 사전에서 찾아본다. 복지(福地), ①신선들이 사는 곳. ②행복을 누리며 살 수 있는 땅. ③[민] 지덕이 좋은 땅. 복지(福祉), 행복과 이익. 둘 다 뜻이 너무 좋다.

매주 수요일, 우리는 신선들이 사는 곳으로 배우고 가르치며 행복을 누리러 복지관으로 간다.

쇠흙손의 노래

저자	김경애
펴낸날	2021년 12월 31일
펴낸곳	착한북스 chakan.books
펴낸이	조덕현 James Cho
제작 및 디자인	소나기크리에이티브 주식회사

부산광역시 해운대구 수영강변대로 140, 707호

070-7092-0999

https://books.chakan.net

books@chakan.net

ISBN	979-11-90579-08-7
가격	10,000원

착한북스는 소나기크리에이티브 주식회사의 출판 브랜드입니다.

착한북스

부산광역시 BUSAN METROPOLITAN CITY
부산문화재단 BUSAN CULTURAL FOUNDATION

본 사업은 2021년 부산광역시, 부산문화재단
<부산문화예술지원사업>으로 지원을 받았습니다.